IMPROVISANDO SOLUÇÕES

ROBERTO MUGGIATI

IMPROVISANDO SOLUÇÕES

o jazz como
exemplo
para alcançar
o sucesso

BestSeller

CIP-BRASIL. CATALOGAÇÃO-NA-FONTE
SINDICATO NACIONAL DOS EDITORES DE LIVROS, RJ.

M919 Muggiati, Roberto, 1937-
Improvisando soluções / Roberto Muggiati. –
Rio de Janeiro: Best*Seller*, 2008.

ISBN 978-85-7684-205-7

1. Técnicas de auto-ajuda. 2. Jazz. 3. Experiências de vida. I. Título.

CDD: 158.1
08-2480 CDU: 159.947

Capa: Studio Creamcrackers
Diagramação: ô de casa

EDITORA BEST SELLER LTDA.
Rua Argentina, 171, parte, São Cristóvão
Rio de Janeiro, RJ – 20921-380

Impresso no Brasil
ISBN 978-85-7684-205-7

PEDIDOS PELO REEMBOLSO POSTAL
Caixa Postal 23.052
Rio de Janeiro, RJ – 20922-970

"The difficult I'll do right now
The impossible will take a little while*"

"Crazy He Calls Me" (de Carl Sigman-Bob Russell)
Gravada por Billie Holiday em 19 de outubro de 1949

"Improvisar é brincar de ser Deus e perpetuar
assim o impulso criativo do universo."

Ivo Perelman,
saxofonista de jazz brasileiro que vive nos Estados Unidos

*"O difícil eu faço agora
O impossível demora um pouco mais."

Este livro é dedicado às milhares de jazz-bands que deram um sopro de vida ao conturbado século XX. E, em particular, à Tupynamba Jazz-Band, que animou os dias e as noites da região de Ponta Grossa, no Paraná, nos anos 1930.

SUMÁRIO

Sumário

Introdução

Improvisando soluções

No princípio era o grito. Projetado da garganta como um sonar, tateando o terreno hostil ao redor. Arrancado da África e jogado numa paisagem desconhecida, o negro cortava os céus do Novo Mundo com seus berros de estranhas entonações. Ferramenta de trabalho, nos raros momentos de lazer tudo lhe era proibido – principalmente instrumentos musicais. Assim, a voz foi, inicialmente, seu principal instrumento, se não o único. A partir dela, os negros tentavam tirar o melhor partido das situações mais difíceis e começavam a forjar uma raça de sobreviventes. Usavam-na nas canções de trabalho, cadenciando e amenizando seus esforços; utilizavam-na nos spirituals, canções em que davam a sua visão pessoal a episódios da Bíblia; e lançaram mão dela para se identificar, nos campos e depois nas cidades: o *holler*, ou grito, de um negro possuía uma marca tão pessoal que era facilmente reconhecível. "Aí vem o Sam", dizia a namorada, ou o amigo. "Will Jackson está chegando" ou "Acho que ouvi Archie dobrando a esquina". Outra manifestação peculiar eram os pregões dos vendedores nas ruas das cidades. Alguns ambulantes negros anunciavam seus produtos ou serviços por meio de pungentes cantos rítmicos, expressão semimusical de rara beleza. George Gershwin incluiu alguns desses refrões em sua ópera de 1935, *Porgy and Bess*, como "Strawberry

Woman", "Honey Man" e "Crab Man", ou seja, os gritos da mulher dos morangos, do vendedor de mel e do de caranguejos. Havia ainda os negros que anunciavam as partidas e chegadas dos trens nas estações, autênticos artistas do berro. Esta marca individual se projetou também nos blues: existiam os blues de Blind Lemon, os blues de Willie Johnson e assim por diante.

Emancipados, os negros foram à luta e começaram a conquistar seu tempo de lazer e fazer música. Do jeito que lhes era possível. Quase sem dinheiro, não podiam comprar instrumentos convencionais. Valiam-se, então, do que estava à mão: detritos catados nas ruas ou objetos do cotidiano habilmente transformados em instrumentos musicais. Alguns usavam como alternativa à voz o assobio; eram exímios nisso. Outros faziam solos de incrível complexidade soprando num pente de osso coberto por uma tira de papel de seda; sopravam em botijões de barro e de vidro, obtendo o som de uma tuba; construíam contrabaixos com tinas de madeira ou caixotes de sabão, cabos de vassoura e arames; ou violões com caixas de charuto e barbante; a tábua de lavar, *washboard*, tornou-se um instrumento de ritmo, tocada com as pontas dos dedos cobertas por dedais metálicos (hoje existem versões metálicas industrializadas da *washboard*, para dar um toque retrô às bandas de blues). Alguns desses grupos primitivos – muitos deles formados por adolescentes – eram chamados *washboard bands*, outros *spasm bands*, "bandas de espasmo", nome sugestivo que dá uma idéia da criatividade daqueles músicos que não sabiam ler partitura e, em muitos casos, simplesmente não sabiam ler ou escrever.

Com o tempo, os negros tiveram acesso a instrumentos mais baratos, de segunda mão, como rabecas, violões, banjos (derivados do *banjor* africano), gaitas-de-boca, o *kazoo* e a *Jew's harp*, espécie de lâmina metálica que é vibrada usando a boca como caixa de ressonância. O cantor de blues, enquanto se acompanhava ao violão, podia também soprar uma gaita-de-boca, colocada à altura dos lábios por um suporte metálico apoiado no pescoço.

Décadas antes de os recursos eletrônicos serem aplicados aos instrumentos musicais, os músicos de blues desenvolveram técnicas para distorcer as notas musicais. A mais notável foi o efeito *slide*, de deslizar o dedo sobre as cordas com o uso de um tubo metálico ou um gargalo de garrafa (daí o nome do estilo, *bottleneck guitar*) enfiado no terceiro ou no quarto dedo da mão esquerda. No início os sliders do Delta usavam o que tivessem à mão: facas, barras de ferro, pedaços de cano, gargalos de garrafa quebrados toscamente e até ossos de animais. Muitos descuidavam de proteger o dedo e acabavam a noite com a mão e o violão vermelhos de sangue. Alguns costumavam proteger o dedo com um trapo embebido em óleo para impedir que o vidro do gargalo cortasse a pele.

A partir da segunda metade do século XIX, os instrumentos de sopro começaram a se popularizar nos Estados Unidos. Na Guerra de Secessão (1861-65) as bandas marciais tiveram importante papel na elevação do moral das tropas, e sua criação foi grandemente estimulada. Ao mesmo tempo, a tecnologia dos instrumentos, em decorrência dos progressos da Revolução Industrial, era aperfeiçoada com a introdução dos pistões nos metais, a simplificação do mecanismo das clarinetas, flautas e flautins e a invenção dos saxofones e *saxhorns*. As fábricas saíam em busca de um novo e florescente mercado, e a grande procura tornava os preços mais acessíveis. No início do século XX, cornetas, trompetes, trombones e bombardinos custavam, nos Estados Unidos, entre 10 e 15 dólares. E havia os instrumentos de segunda mão, baratíssimos, que abarrotavam os "pregos". Uma tese que muitos levam a sério é a de que o jazz nasceu em Nova Orleans justamente porque as bandas marciais da Guerra Hispano-americana se desfizeram ali, em 1899, e seus instrumentos – trocados por uma noite de farra na irrequieta cidade – amanheceram enfeitando as vitrinas das lojas de penhores e foram parar nas mãos dos músicos negros.

Vários tipos de organizações dominavam a vida comunitária em Nova Orleans, desde associações de classes a entidades beneficentes e sociedades funerárias. Todas as suas atividades costumavam ser marcadas pela música das bandas marciais – as *brass bands* locais – a partir das quais evoluiria a jazz-band. Segundo um historiador da época, Nova Orleans se considerava uma espécie de Paris-sur-Mississippi, e tentava viver este papel: "A dança ali era levada a excessos incríveis. Nem a severidade do frio nem a opressão do calor conseguiam impedir que as pessoas se entregassem a esta diversão." Comerciantes de todos os tipos, ex-condenados, traficantes, jogadores e exploradores do lenocínio acorriam a esse movimentado porto. Em 1897, numa tentativa de manter um certo controle sobre os muitos vícios da cidade, seus administradores delimitaram o bairro dos bordéis, denominado Storyville em homenagem ao bem-intencionado legislador que o criou. Foi aí, segundo certos historiadores, que nasceu o jazz. Isso é verdade apenas em parte: o que floresceu em Storyville foi o piano, na época em que imperava o *ragtime*, a música percussiva e sincopada das pianolas. As jazz-bands nascentes tocavam em bares na área boêmia da cidade, em clubes e fraternidades, em piqueniques nos parques ou à beira dos lagos, em funerais (dentro da crença africana de que um homem devia se despedir da vida com pompa e alegria) e, principalmente, desfilando pelas ruas da cidade em coloridas paradas durante os feriados ou fazendo todo tipo de publicidade do alto de carroções puxados a cavalo, desde anúncios de bailes ou de lutas de boxe a propaganda política. A música tinha mil e uma utilidades em Nova Orleans.

Sidney Bechet trabalhou certa época num consultório dentário: enquanto o dentista arrancava o dente, ele tocava clarineta para aplacar a dor do paciente. Uma barbearia tinha um anúncio à sua porta: "Barba e cabelo com música."

Aos poucos, os primeiros músicos de jazz tiveram acesso aos instrumentos, mas não tinham nenhum acesso à educação musical. Nem chegaram a considerar isso um problema. Autodidatas, dotados de ouvidos privilegiados, aprenderam com os sons que estavam no ar e inventaram sua própria música. A característica principal das primeiras jazz-bands era o fato de não só tocar música improvisada, mas fazer uma improvisação coletiva em que tudo se encaixava admiravelmente. Há uma explicação: como a maioria dos negros não sabia ler partitura, o líder aprendia de ouvido os rags e as marchas da época e, à medida que os tocava, os outros instrumentos iam executando aproximações daquela melodia já modificada, ou tecendo variações em torno do tema básico. Foi deste processo intuitivo, tateante e espontâneo, que nasceu a tentativa consciente de modificar um tema, fazendo improvisações coletivas em torno dele.

A essa altura já estava delineado o formato da jazz-band, tão "clássico" quanto o quarteto de cordas erudito, ou o quinteto de sopros. Basicamente, o que se tinha era:

1 ou 2 cornetas (e/ou trompetes)
clarineta
trombone
tuba (ou sousafone ou baixo de cordas)
banjo (ou guitarra ou piano)
bateria (ou tábua de lavar roupa ou bombos
ou outros tipos de percussão)

A matéria-prima dessa música podia ser composta de rags e marchas no início, de blues, canções populares, árias de óperas e, com o tempo, temas originais, mas a essência do jazz sempre foi a improvisação. O intérprete de música clássica, por exemplo, é obrigado a tocar rigorosamente o que está na partitura, escrita por um outro músico, o compositor. Já músico de jazz parte de um determinado tema e faz variações em torno dele ou o reescreve totalmente. O compositor e maestro americano Leonard Bernstein fez em 1956 uma admirável análise didática num álbum chamado *O que é jazz*. Nele, destacou a diferença básica entre o músico clássico e o de jazz:

> *Uma sombra de indignidade sempre envolveu a música, particularmente o executante de música. Supomos que isso se deva ao fato de que, historicamente, falta ao executante a dignidade de compositor. Mas o jazz é quase somente uma arte do executante, dependendo muito mais de improvisação do que de composição. Isso significa que o executante de jazz é ele próprio o verdadeiro compositor, o que lhe confere uma condição mais digna: a de criador.*

Em outras palavras, o jazzista improvisador seria uma espécie de "compositor instantâneo". A sua espontaneidade no ato de criação valeu ao jazz o nome de "som da surpresa".

No seu ensaio sobre o fonógrafo, o historiador da comunicação Marshall McLuhan reforça a tese de Bernstein:

> *Estas novas formas que tanto fizeram para recuperar o mundo vocal, auditivo e mimético que fora reprimido pela palavra impressa, também inspiraram os estranhos novos ritmos da era do Jazz, as várias formas de síncope e descontinuidade simbolista que, como a relatividade e a física dos quanta, anunciavam o fim da era de Gu-*

temberg, com suas linhas suaves e uniformes de tipografia e organização. A palavra jazz *vem do francês* jaser, *conversar. E o jazz é, na verdade, uma forma de diálogo entre instrumentistas. Se o jazz é considerado uma ruptura com o mecanismo na direção do descontínuo, do participante, do espontâneo e do improvisado, ele também pode ser visto como uma volta ao tipo de poesia oral em que a interpretação é, ao mesmo tempo, criação e composição.*

Assim como os gritos e os blues tinham sua marca individual, também os solos improvisados dos instrumentistas do jazz carregam o seu "código individual". Esse verdadeiro "DNA sonoro" não é definido apenas pela maneira como o jazzista estrutura suas frases no momento da execução, mas também pelo timbre altamente personalizado que obtém ao tocar seu instrumento, criando nele uma voz distinta. Isto vale não só para os instrumentos de sopro, mas também para todos os demais: o toque peculiar que o executante imprime ao pressionar as teclas do piano, ao bater nos couros ou nos pratos da bateria, ao dedilhar as cordas do contrabaixo ou da guitarra.

Outra invenção notável dos músicos de jazz foi a distorção sonora nos metais. Ao contrário dos intérpretes eruditos, que procuravam obter do instrumento um som neutro, os instrumentistas de sopro do jazz procuravam aproximar o som ao máximo da voz humana, de gritos e de grunhidos animais. Começaram a obter este efeito com uma série de "abafadores", ou "surdinas", colocados na campana do instrumento e bloqueando parcialmente a saída do som. King Oliver foi um mestre desses recursos e usava até um *kazoo* enfiado na campana da sua corneta. Freddie Keppard, o sopro mais possante da época, certa vez tocou tão forte que atirou a surdina no meio da pista de dança. (Keppard tinha uma verdadeira paranóia de que os outros músicos copiassem seu estilo e tocava com um lenço sobre os pistões, para ocultar seu dedilhado.) O efeito chamado *uá-uá* nos trompetes e trombones ajudou a criar o *jungle sound* da orquestra de Duke Ellington, no final dos anos 1920, quando tocava no Cotton Club, no Harlem. Os trompetistas usavam todo tipo de latas de conservas, enquanto os trombonistas abafavam o som com um chapéu-coco; outro recurso foi o desentupidor de borracha: o de pia cabia exatamente na campana do trompete e o de vaso na campana do trombone. Não demorou e esses artefatos caseiros foram comercializados na forma de surdinas fabricadas industrialmente: o chapéu-coco voltou numa versão de lata, mas muitos músicos ficaram fiéis ao chapéu de feltro, que produzia um som mais macio.

Se o jazz se apropriou de vários instrumentos preexistentes, existem dois que foram praticamente de sua invenção: a bateria e o saxofone. A bateria – o conceito de um *drum set*, um conjunto de instrumentos de percussão avulsos que foram amalgamados num único instrumento – é criação exclusiva do jazz. Nos primeiros tempos, quando as bandas marchavam pelas ruas de Nova Orleans, o baterista carregava um grande bombo amarrado ao peito e um tarol pendurado ao lado do corpo. Nos recintos fechados, o baterista começou a cercar-se de uma quantidade de equipamentos e a ampliar sua atuação valendo-se também dos pés, graças aos pedais que inventou, acoplados aos bombos ou aos pratos. Vários pianistas deram mais agilidade a seus shows valendo-se de um prato acionado por pedais. A bateria tornou-se uma verdadeira usina de sons, com sua variedade de couros de todas as tonalidades, dos taróis e tambores de parada aos tantãs, dos bombos aos tambores rolantes e tímpanos, dos pratos turcos aos pratos chineses fabricados artesanalmente e dotados de sutis colorações. Couros e pratos passaram a ser tocados com baquetas, escovinhas de metal ou *mallets* (baquetas com bolas de feltro nas pontas). Nas mãos e nos pés dos hábeis jazzistas, a bateria passou a ser um instrumento de infinitos recursos expressivos, e nem sempre está associada ao barulho; em muitos casos, ela pode produzir sons muito sutis e assumir até uma característica melódica, como no toque das escovinhas sobre os couros ou sobre os pratos.

Já o saxofone, amaldiçoado pela grande maioria dos compositores clássicos, se tornaria o principal instrumento do jazz e um dos ícones do século XX. Patenteado pelo belga Adolphe Sax em 1846, ele pertence à categoria das palhetas, com uma diferença. Enquanto a maioria dos instrumentos de palhetas – clarineta, oboé, fagote, corne inglês – tem o corpo de madeira, em formato de tubo cilíndrico, o saxofone é um tubo cônico de liga metálica: seu diâmetro aumenta gradualmente, o que lhe permite atingir os sons mais graves sem alongar demais o instrumento. Maravilha mecânica e um autêntico quebra-cabeça de 510 peças, o saxofone teve sua família distribuída em sete versões: sopranino, soprano, alto, tenor, barítono, baixo e contrabaixo.

O invento de Adolphe Sax chegou com duzentos anos de atraso para a música clássica e cem anos adiantado para a popular. Poucos eruditos reconheceram seu potencial. Hector Berlioz, que sonhava com uma "orquestra babilônica" de 476 instrumentos, entre os quais cinco saxofones, disse: "Nenhum instrumento que conheço possui esta estranha sonoridade, situada no limite do silêncio." Georges Bizet, autor da ópera "Carmen", usou o saxofone em "L'Arlesienne". Debussy compôs a contragosto, por encomenda de uma ricaça de Boston que tocava o instrumento, sua bela "Rapsódia para saxofone". Ravel o usou no seu "Bolero", Prokofiev, na suíte "O tenente Kijé", e Stravinsky foi mais longe, ao compor o "Ebony Concerto", para a orquestra de jazz de Woody

Herman. Villa-Lobos também explorou o sax com sensibilidade e brasileirice. Recentemente, o saxofone erudito reapareceu com um sabor de vingança: aumentou o número de compositores e intérpretes interessados em criar uma literatura para o instrumento; e músicos de vanguarda (como o minimalista Philip Glass) e de jazz (Branford Marsalis; no Brasil, Paulo Moura) o trazem num contexto erudito para o público jovem nos grandes festivais.

Mas foi o jazz que fez do saxofone uma estrela. Ele chegou como uma excentricidade, um instrumento tocado por palhaços nos circos. Invadiu os espetáculos de menestréis e o teatro de variedades. Com a moda das orquestras de dança, na virada para os anos 1920, abriu seu espaço na jazz-band. Tinha a vantagem de unir a força do trompete à agilidade da clarineta. Podia tocar mais suavemente que os metais, garantindo um bom fluxo melódico para os dançarinos. A época das vitrolas e dos discos avançava e os saxofones se faziam ouvir por todas as brechas, colorindo a paisagem com seu visual e enchendo os ares com as interjeições de um mundo eufórico à véspera da tragédia. De repente, o saxofone implodiu a estrutura das jazz-bands tradicionais e desencadeou a onda das big bands. Fugindo à regra de ouro do jazz – a improvisação – as big bands se tornaram verdadeiras fábricas de música, linhas de montagem sonora em que os diferentes instrumentistas, distribuídos em naipes (de saxofones, trompetes e trombones) trabalhavam em conjunto, como numa orquestra sinfônica, com espaço apenas para breves solos, geralmente previamente escritos, sem margem nenhuma para improvisação. Como Charlie Chaplin apertando interminavelmente parafusos na fábrica de *Tempos Modernos*, o músico de uma big band tocava notas da partitura que isoladamente não faziam nenhum sentido. Era a soma das notas individuais, integrada num todo orquestral, que resolvia o *puzzle* da big band.

Uma saudável reação dos improvisadores à burocracia da big band foram as jam sessions. Eram reuniões quase exclusivamente de músicos, para tocar e se divertir como não se divertiam no trabalho de rotina. Uma das cidades que ficou lendária por suas jam sessions foi Kansas City. O relato de Sam Price é eloqüente:

> *Certa vez, no Subway Club, na rua 18, deixei uma jam session às dez da noite, fui até em casa tomar um banho e trocar de roupa. Voltei à uma hora da manhã e os caras ainda estavam improvisando sobre a mesma música.*

A pianista Mary Lou Williams conta como foi acordada no meio da madrugada para substituir um pianista extenuado que acompanhava um duelo entre o visitante Coleman Hawkins e os saxofonistas locais:

> *Hawk não sabia que os tenores de Kansas City eram tão temíveis. Quando chegamos, ele estava lá de camiseta, batalhando. Parece que tinha topado com um obstáculo inesperado. O estilo de Lester Young era leve e ele precisava de uns cinco* choruses *para esquentar. Mas, então, soprava adoidado e ninguém o podia segurar num duelo de saxofones.*

O baterista Jo Jones lembra:

> *Alguns locais em Kansas City nunca fechavam. Você estava dormindo às seis da manhã e uma banda passava brevemente pela cidade e o acordavam para umas duas horas de música com eles até as oito da manhã. Você nunca sabia a que horas da manhã ia ser acordado com uma batida na sua porta e convocado para uma jam session a alguns quarteirões da sua casa.*

O individualismo do músico de jazz rompeu com o mecanicismo das big bands e, aos poucos, solistas geniais recuperaram o espaço perdido da improvisação. Os saxofonistas sempre estiveram à frente deste movimento. O trompete, com suas notas destacadas e percussivas, reportava-se à era mecânica e aos motores de explosão. O saxofone, com suas notas mais ligadas, deslizantes, com a fluidez do seu discurso, antecipava a era do computador. O tempo dos reis do trompete havia passado e chegara a hora de pioneiros como Coleman Hawkins e Lester Young – seus estilos opostos formando o *yin* e *yang* do sax-tenor – de revolucionários como os sax-altos Charlie Parker e Ornette Coleman, do sax-barítono cool de Gerry Mulligan, do sax-soprano eterno de Sidney Bechet e do vanguardista de Steve Lacy, de pós-revolucionários como os tenores Sonny Rollins e John Coltrane e de toda uma legião de jazzistas, incluindo o homem-orquestra Rahsaan Roland Kirk, capaz de tocar três saxofones simultaneamente.

O saxofone desencadeou não só inovações na esfera musical, mas também de ordem técnica. Ao contrário do piano e do violão, que podem produzir várias notas ao mesmo tempo, o saxofone é um instrumento melódico, que só produz uma nota após a outra. Para tocar mais de uma nota simultaneamente os saxofonistas do jazz inventaram o *false fingering*, o dedilhado falso, que permitiu distorcer as notas e conseguir um efeito harmônico. Outra invenção notável dos saxofonistas foi a chamada "respiração circular", que permitia tocar sem fazer pausas para respirar, ampliando a mobilidade de suas improvisações. Nesta técnica, o intérprete inala pelo nariz, enchendo os pulmões de ar; simultaneamente, usando o diafragma, enche o reservatório de ar na cavidade bucal, enquanto continua a expelir o ar da boca para o instrumento.

Mas nem só de saxofone vive o jazz. Ele tem sido tocado em quase todo tipo de instrumento possível e imaginável (e até mesmo em instrumentos inventados, de que o nosso Hermeto Pascoal tem forjado um verdadeiro arsenal). Não vou falar dos instrumentos clássicos apropriados pelo jazz (oboé, fagote, harpa, trompa), nem dos instrumentos tradicionais da Índia ou do Japão. Ouvi improvisos de um suingue incrível na gaita-de-fole escocesa, tem um trombonista que sopra em conchas, outro que faz solos num trombone-de-boca, imaginário, Toots Thielemans e Stevie Wonder fazem da gaitinha-de-boca um gigantesco órgão – o jazz é ávido de novidades e absorve tudo o que lhe cai nas mãos (ou nos ouvidos). A contrapartida é a avidez com que músicos de outros quadrantes assimilam os mecanismos de jazz e o praticam mesclado às suas tradições nacionais. Já nos anos 1930, um cigano belga, Django Reinhardt, influenciou radicalmente a guitarra do jazz. Poloneses, checos, alemães, ingleses, franceses, italianos, argentinos e brasileiros navegaram na grande maré do jazz e deram sua contribuição, criando novas ondas.

No jazz, não conta o *que* se toca, mas *como* se toca. Aos pessimistas defensores do *aqui jazz*, transcrevo umas palavras recentes do compositor e escritor Aldir Blanc: "Já era, uma ova. Jazz é. Volta e meia lemos um chato afirmando que o jazz morreu. É gente que não gosta de música. Ao lado do samba, o jazz é a música mais rica e refinada do mundo." E complemento com a história atual de Matt Savage, um menino judeu de 14 anos que aprendeu a ler música sozinho. Aos 6 anos, foi diagnosticado como autista e depois portador de hiperplexia, o que não o impediu de gravar quatro CDs e abalar as estruturas do jazz atual. Devido ao seu potencial, fizeram-no estudar três anos de música erudita no Conservatório da Nova Inglaterra, mas ele preferiu dedicar-se de corpo e alma ao jazz, território, segundo ele, "em que a gente pode quebrar todas as regras e ser livre".

Esse exercício de espontaneidade e liberdade é a razão de ser deste livro, em que procuro passar adiante as lições que aprendi ao longo de quase sessenta anos ouvindo jazz sem preconceitos: jazz de todos os tipos, de todas as escolas, de todas as épocas. A tal ponto que apliquei à minha própria vida – na profissão de jornalista e escritor e em minhas escolhas pessoais – os ritmos do jazz, sua agilidade mental, sua propensão a abraçar o acaso, sua capacidade de superar as adversidades, de encontrar uma voz própria, de romper barreiras, de usar a imaginação e de aprender a liderar de um modo totalmente novo.

Tudo isso o jazz me ensinou e ensina todo dia a todo mundo. Porque, mais do que uma simples forma musical, o jazz é um exercício de liberdade e um desafio à imaginação criadora levado às últimas conseqüências.

Abraçando o acaso

O acaso desempenha um papel essencial nas improvisações do jazz. Uma palavra que ganhou força recentemente na língua inglesa (e global) é *serendipity* – que os dicionários descrevem como "a afortunada tendência de encontrar coisas interessantes ou valiosas por mero acaso" (*Cambridge*) ou "a faculdade de se encontrar coisas valiosas ou agradáveis pelas quais não se procurava" (*Webster*). Numa pesquisa feita em 2000, os ingleses escolheram *serendipity* como a palavra mais bonita do seu idioma, embora sua origem seja exótica e se situe num conto de fadas aparecido em Veneza em 1557, que se referia a Serendib, o nome da ilha do Ceilão (atual Sri Lanka). Desde 1981 a palavra ganhou várias versões em português e os dicionaristas brasileiros oscilam atualmente entre *serendipidade* e *serendipitia*. Embora poucos usem o vocábulo em português e prefiram a versão inglesa, a idéia de uma alegria inesperada caída do céu está sempre presente na cabeça de todos.

O jazz vai um pouco além desse conceito. O músico – que improvisa sobre formas conhecidas e relativamente "clássicas", como o blues de 12 compassos e o standard de 32 compassos – costuma navegar num espaço em que a escolha aleatória das notas cria condições para a intervenção do acaso.

Nas notas de capa de um dos álbuns mais importantes de Miles Davis, *Kind of Blue* (1959), o pianista Bill Evans, que particiou da gravação, escreve um elucidativo microensaio intitulado *Improvisação no jazz*:

> *Existe uma arte visual japonesa em que o artista é forçado a ser espontâneo. Deve pintar sobre um pergaminho fino e esticado com um pincel especial e tinta de aquarela preta de tal maneira que se a pincelada não for natural, ou for interrompida, destruirá a linha ou romperá o pergaminho. Rasuras ou correções são impossíveis. Estes artistas devem praticar uma disciplina particular que permita à sua idéia plástica se expressar em comunicação com suas mãos de um modo tão direto que a deliberação não possa interferir. As imagens resultantes carecem da composição complexa e das texturas da pintura comum, mas aqueles que as vêem encontraram algo capturado que escapa à explicação. Esta convicção de que a ação direta é a reflexão mais significativa, acredito, propiciou a evolução das disciplinas extremamente severas e únicas do músico de jazz ou do músico improvisador.*

Bill Evans quer dizer que o intérprete de jazz foge de fórmulas pré-fabricadas e procura sempre, ao improvisar suas soluções musicais, contar com a ajuda do acaso. Em vez de tentar aprisionar a natureza dentro de fórmulas ou padrões matemáticos, ele assume o fluxo do caos, que é a lei da vida. Nas histórias que se seguem, encontramos exemplos admiráveis dessa característica do jazz, de ficar sempre aberto para a ajuda do acaso.

Louis Armstrong

esqueceu a letra? inventa!

O estilo vocal chamado scat – o uso da voz como se fosse um instrumento, um saxofone ou trompete, cantarolando as notas sem enunciar as palavras – é um dos grandes trunfos e uma espécie de marca registrada dos cantores e das cantoras de jazz. Particularmente notáveis no exercício do scat foram divas como Ella Fitzgerald, Sarah Vaughan e Betty Carter e cantores como Billy Eckstyne, Mel Tormé e, mais recentemente, Al Jarreau e George Benson. Até Frank Sinatra – o cantor popular mais sintonizado com o jazz – se entregava vez por outra a um scat, como o conhecido *shu-bi-du-bi-duuuu* de "Strangers in the Night". Existem ainda grupos vocais adeptos do *scat*, como os Swingle Singers e o Manhattan Transfer. Merece ainda menção Chet Baker, que toca o trompete como quem canta e canta como quem toca o trompete – uma contrapartida cool de Louis Armstrong.

Segundo a mitologia do jazz, o scat foi uma invenção casual que teve tudo a ver com a capacidade do jazz de improvisar soluções – sua inteligência de, durante o ato da criação, agarrar uma interferência do acaso e incorporá-la à obra de arte, alterando o curso da expressão individual. Louis Armstrong (1901-71), no meio da gravação de "Heebies Jeebies", em 1926, de repente teria esquecido a letra. Sem perder o rebolado, para não interromper o fluxo da interpretação, passou a cantarolar imitando um instrumento, *ba-da-duá-bauá-buá-badi-dá-dá*... Esta é a versão da história que entrou para a lenda. Na verdade, pesquisas mais recentes dos biógrafos de Armstrong contam que ele tinha a letra da canção escrita numa folha de papel e, a certa altura, deixou-a cair ao chão. Seguiu em frente, cantando com palavras inventadas, onomatopaicas na sua imitação de um instrumento de sopro; enquanto isso, o técnico de som se abaixava para pegar a folha caída, enquanto Armstrong, com o microfone na mão, fazia o mesmo. Ao se levantarem, ambos, literalmente, bateram cabeça. Esta versão é mais plausível, pois no disco, depois de incursionar no scat, Louis retoma a letra da canção. São apenas dois minutos e 53 segundos de gravação. Os velhos discos de 10 polegadas em 78 rotações por minuto raramente ultrapassavam a barreira dos três minutos.

Na época, "Heebie Jeebies" foi considerado um "*novelty act*" – uma daquelas inovações sensacionalistas a que os jazzistas recorriam para aumentar a vendagem dos discos no florescente mercado musical. O sucesso foi imenso: em poucas semanas, "Heebie Jeebies" vendia mais de 40 mil cópias e tornava-se o primeiro hit na carreira de Armstrong. Segundo o crítico George Avakian:

> *Louis desenvolveu uma nova escola de jazz vocal, baseada na abordagem dos cantores do folk e do blues, que usavam a voz como um instrumento. Louis mostrou que o significado emocional da letra de uma canção pode ser expressado através de infle-*

xões vocais e improvisações de uma qualidade puramente instrumental tão eficazmente – ou mais ainda – do que através de palavras. Esta linha de desenvolvimento correu paralelamente à sua influência instrumental. E ainda afeta todo cantor popular e de jazz dos nossos dias.

Miles Davis

o sopro à flor da pele

Enquanto Hollywood continuava recorrendo a compositores de formação erudita – na maioria europeus que fugiram para os EUA antes da guerra – para compor trilhas sonoras de tinturas sinfônicas, os jovens cineastas franceses da *nouvelle vague* descobriram muito cedo o potencial do jazz para pontuar a ação de seus filmes. A participação de Miles Davis na trilha do filme de Louis Malle *Elevador para o cadafalso* foi decidida graças a um acaso. O produtor Marcel Romano promovia uma excursão européia de três semanas de Miles e soube que um cineasta amante do jazz rodava um filme policial no melhor estilo *noir* e não tinha idéia do que fazer em termos de música. Feita a ligação entre Malle e Miles, este compareceu a uma sessão do filme, ainda não acabado, recebeu explicações sobre o enredo e os personagens e rabiscou algumas anotações. A trilha foi gravada 15 dias depois, em dezembro de 1957. Malle projetava cenas que receberiam um comentário musical e Miles improvisava na hora, apoiado pelo baterista americano Kenny Clarke, residente em Paris, e por três músicos franceses, ao sax-tenor, piano e baixo.

Foram quatro horas de gravação, das quais resultou um álbum incluindo a trilha inteira e as faixas alternativas, somando 75 minutos de música. Pierre Michelot, o contrabaixista da trilha sonora, comentou:

> *Miles estava muito descontraído, como se a música que tocava não tivesse importância. O que caracterizou essa gravação foi a ausência de um tema definido. Era muito inovador para a época, principalmente para uma música de filme. Ele nos deu apenas indicações sucintas, com vagas aparências estruturais, mas muito distantes daquilo que tocávamos habitualmente.*

Em resumo, Miles Davis criou a atmosfera ideal para que, num contato casual, música e imagem fossem encontrando gradativamente suas soluções expressivas.

Um pequeno detalhe, também de natureza puramente ocasional, sintetizou o clima da trilha de *Elevador para o cadafalso*. De repente, um fragmento de pele se descolou do lábio de Miles Davis e ficou preso no interior do bocal do trompete. Presente à gravação, o escritor Boris Vian – o grande agitador cultural da Paris existencialista e também romancista e trompetista amador – comentou:

> *Igual àqueles pintores que devem às vezes ao acaso a qualidade plástica da sua tinta, Miles acolheu de bom grado este novo elemento de um toque inaudito, no sentido literal da palavra, jamais ouvido antes.*

O que seria um "defeito" aos ouvidos dos técnicos de gravação, passível de eliminação, dentro da filosofia de só admitir as coisas rigorosamente programadas, foi felizmente aceito nesse caso e o sopro à flor da pele de Miles Davis ficou preservado, para o prazer dos apreciadores da arte do acaso.

Dizzy Gillespie

um trompete apontado para o céu

A revolução musical do bebop (a partir dos anos 1940) teve uma contrapartida visual. Os novos jazzistas adotavam atitudes rebeldes e roupas insólitas que refletiam o anticonformismo das suas idéias sonoras. Dizzy Gillespie e Thelonious Monk foram os mestres do novo estilo, usando boinas decoradas com broches em forma de claves de sol ou notas musicais, gravatas berrantes e óculos malucos – Thelonious tinha óculos com aros de bambu e por muito tempo cobriu a cabeça com um vistoso gorro de astracã. Usar óculos escuros à noite tornou-se um *must* entre os boppers. O escritor Norman Mailer dissecou o fenômeno num ensaio famoso, *O negro branco* (1958):

> *Em lugares como o Greenwich Village, um* ménage-à-trois *se completou: o boêmio e o delinqüente juvenil se viram face a face com o negro, e o* hipster *se tornou um fato na vida americana.*

O *hipster* era o cara avançado, por dentro das coisas, surgido nos anos do pós-guerra, da bomba-A e da Guerra Fria, um *soul brother*, irmão espiritual do jazzista negro e um precursor dos hippies dos anos 1960 (hippie vem de *hipster*).

Por mais que Dizzy Gillespie inventasse para chamar a atenção, sua marca registrada – o famoso trompete entortado – foi pura obra do acaso. Ele mesmo conta em sua autobiografia *To Be or Not To Bop* (1979) o curioso episódio.

> *A verdade é que a forma do meu trompete foi um acidente. Eu podia fingir que fui para o porão de minha casa e criei o artefato, mas não foi assim. Foi um acaso. Eu deixei o trompete no seu suporte e alguém o chutou acidentalmente e, em vez de simplesmente cair e se amassar, o trompete entortou.*

Era uma segunda-feira de janeiro de 1953, e embora fosse dia de folga, Dizzy havia armado uma festa para comemorar o aniversário da mulher dele. Quando viu o estado do instrumento, não esquentou a cabeça, para não estragar a noitada. Dizzy tocou o trompete entortado e gostou do som. Pediu à mulher, que era artista plástica, que desenhasse um modelo de trompete com a campana elevada num ângulo de 45° e o mandou à companhia Martin, fabricante de instrumentos de sopro, para que produzisse um igual. O pessoal da Martin achou aquilo uma loucura, mas fabricou o trompete "telescópico", primeiro com uma peça destacável, depois com o corpo do instrumento inteiriço. Segundo Dizzy, foi um achado: com a campana para cima, ele podia ouvir as notas com maior antecedência; quando se abaixava para ler uma partitura, a campana apontava para cima, alcançando melhor o microfone e o público. E os agudos mortíferos de

Dizzy, capazes de estourar os tímpanos da platéia, eram amenizados com o som projetado para o alto. Até sua morte, em 1993, Dizzy manteve-se fiel ao instrumento entortado – usado também por músicos do naipe de trompetes da sua grande orquestra –, a campana apontada para o céu que ficou consagrada como a marca de distinção do inigualável John Birks "Dizzy" Gillespie.

Art Blakey

o baterista que saiu de uma fria

Depois do elegante Kenny Clarke e do versátil Max Roach – que estabeleceram as bases da bateria moderna nos anos do bebop –, Art Blakey (1919-90) surgiu no cenário do hard bop como um verdadeiro furacão. Um dos bateristas mais completos na história do jazz, criou várias inovações técnicas que legiões de imitadores tentavam, mas não conseguiam tocar como ele.

No início da carreira, porém, Blakey não queria saber da bateria, seu negócio era tocar piano. Começou tocando para mineiros na região de sua Pittsburgh natal e ganhava gorjetas tão generosas que formou uma banda de 14 figuras tocando de smoking num clube noturno. Certa noite, veio uma dupla de artistas de Nova York e Blakey empacou na parte do piano. Admitiu para os companheiros: "Ora, seus filhos-da-mãe, todos vocês sabem que eu não leio partitura!" Um garoto baixo e franzino saiu de um canto e pediu: "Deixem-me tentar." Blakey conta que o menino arrasou. Era Erroll Garner, que também não sabia ler música, mas tocava de ouvido como ninguém. Blakey comenta:

Eu estava sempre ensinando ao nosso baterista, Skippy, como tocar o instrumento. Não tinha uma bateria, mas gostava da coisa. O dono do clube, sentado num canto, me chamou e disse: "Ei, Art, acho que o garoto [Erroll] devia tocar o piano e você a bateria." Retruquei: "Escute aqui, cara, a banda é minha, não vai querer me ensinar o meu riscado, não é?" Ele respondeu: "Há quanto tempo está por aqui? Quer continuar, não quer?" Ele tinha uma Magnum 350 enfiada no cinto. Eu disse: "Mas é claro que quero ficar!" Ele falou: "Então vai lá, seu babaca, e senta naquela bateria." Venho tocando bateria desde então. Uma simples questão de sobrevivência.

Bill Evans • Luiz Eça

um golfinho nas águas do jazz

Em 1970, Bill Evans gravou um álbum em que prosseguia suas explorações sonoras, dessa vez tocando simultaneamente um piano acústico (Steinway) e outro elétrico (Fender Rhodes). Em 1963, ele inovara com o LP *Conversations with Myself*, em que dublava a si mesmo usando três trilhas de piano superpostas. Em 1967, repetia a experiência em *Further Conversations with Myself*, dessa vez usando duas trilhas de piano e recorrendo novamente à dublagem. Em *From Left to Right*, Bill sentou-se diante de dois pianos – um acústico e um elétrico – dispostos respectivamente à sua esquerda e direita, num ângulo de 90°. Do vinil contendo nove faixas constou uma composição do pianista brasileiro Luiz Eça, "The Dolphin", em duas versões, uma com Bill acompanhado por guitarra, baixo e bateria ("Before") e outra ("After") com a mesma gravação acrescida por um arranjo de flautas, cordas e percussão, feito pelo maestro Michael Leonard, que comenta:

> *Nenhum músico toca baladas como Bill Evans. É quase como se ele cantasse a letra, tocasse o acompanhamento orquestral e regesse, tudo ao mesmo tempo. Seu gosto refinado e segurança absoluta fazem a música emergir na sua forma mais pura, ao mesmo tempo em que imprime nela sua marca particular. Não há nunca embelezamentos pianísticos supérfluos no estilo de Bill: tudo o que ele faz parece crescer da própria música.*

"The Dolphin" não é uma balada, e sim um tema numa batida da bossa insustentavelmente leve, mas a definição de Leonard também se aplica admiravelmente a essa interpretação de Evans. A melhor parte da história surgiria em 1997, quando foi lançada uma caixa de aço escovado com 18 CDs, *The Complete Bill Evans on Verve*. "The Dolphin" aparecia em nove versões (incluindo as *alternate takes*), oito da série "Before" e a definitiva "After" com acompanhamento de cordas que já havia saído em vinil. Um total de cabalísticos 31 minutos e 31 segundos do golfinho brasileiro que foi aportar num estúdio de gravações em São Francisco, na Califórnia, depois de uma longa viagem a partir do Rio de Janeiro. Mais especificamente da lagoa Rodrigo de Freitas, onde nunca nadou nenhum golfinho, mas foi gerado pela fértil imaginação do pianista Luiz Eça em meio a suas eternas temporadas de piano-coquetel no Chico's Bar, banhado pelo pôr-do-sol inigualável no espelho d'água rodeado pelo anfiteatro natural do morro Dois Irmãos e do Corcovado. Eça batizou seu mamífero cetáceo marinho de "The Dolphin", em inglês mesmo, talvez antecipando o dia em que ele entraria para o repertório do jazz (além de Bill Evans, Stan Getz também o gravou). O próprio Eça voltaria sempre ao tema, quase obsessivamente, gravando-o com acompanhamento de cordas e numa memorável apresentação ao vivo no Museu de Arte Moderna do Rio com o saxofonista Vítor Assis Brasil. (Em alguns discos, a música aparece grafada como "Daulphine".)

Todo mundo aceita a beleza da melodia e vibra com o seu sucesso universal, mas quase ninguém sabe como o boto de Luiz Eça foi cair nas mãos, ou nos ouvidos, do grande Bill Evans. A história, conhecida de poucos, é contada aos retalhos e pode ser reconstituída mais ou menos assim: um amigo do compositor Earl Zindars, um dos favoritos de Bill, apareceu no estúdio com uma pasta de partituras, uma pasta surrada de papelão imitando couro. Insistia em mostrar a Bill a partitura de um ilustre desconhecido do lado de baixo do Equador. Bill, que era uma criatura doce e paciente, concordou em dar uma olhada na composição. Apaixonou-se imediatamente e gravou as nove *takes* imortais de "The Dolphin" e nunca mais voltou a tocar o tema. Nos anos que se seguiram, era sempre importunado pelas platéias com pedidos de "The Dolphin", mas Bill, talvez querendo deixar sua obra-prima descansar em paz, sempre resistiu.

É possível que Bill Evans tenha voltado a tocar "The Dolphin" numa noitada lendária na mesma casa onde a música foi concebida, o Chico's Bar, no Rio. Depois de se apresentar na Sala Cecília Meireles, em sua terceira visita ao Brasil, Bill foi gentilmente acostado no camarim, enfiado num carro e levado até o Chico's, onde Luiz Eça dava expediente. Segundo os poucos fãs que assistiram ao encontro, foi uma ocasião memorável, da qual restou uma fita de uma hora de gravação que – o mundo do jazz aguarda em suspense – poderia vir à luz um dia num CD. O dono da fita, o advogado e jazzófilo Arthur Lins, lembra:

> *O Evans estava no auge da fama e da piração, muito sensível, tocando com um feeling extremado. Tinha a cabeleira caída no rosto, a cabeça curvada, a testa quase tocando os teclados. Eles*

> *fizeram uma apresentação maravilhosa que atingiu o clímax às quatro da madrugada.*

Bill Evans sangrou até morrer, um ano depois, em setembro de 1980. Tinha 51 anos. Luiz Eça morreu de infarto aos 56 anos, em 1992. A música de Evans e Eça continua navegando nas águas do jazz, saltitando como um golfinho debaixo de um céu sempre azul.

Usando a imaginação

Imaginação, inspiração, invenção – não há músico de jazz que, em maior ou menor medida, não faça uso desses atributos da mente humana. Ainda no século XIX, um brasileiro, Joaquim Nabuco, escrevendo em francês, afirmava:

> *É a imaginação, tocha divina apensa ao espírito do homem, que lhe permite mover-se nas trevas da criação. Assim os peixes das profundezas oceânicas trazem um facho que os ilumina na noite eterna. Sem isto, para que lhes serviriam os olhos? Sem a imaginação, que utilidade teria o homem para a inteligência?*

O cientista que mudou o século XX, Albert Einstein, foi mais sintético e taxativo: "A imaginação é mais importante do que o conhecimento. O conhecimento é limitado. A imaginação abrange o mundo todo."

Um standard de 1940 – muito usado pelos jazzistas em suas improvisações –, "Imagination", da dupla Johnny Burke e Jimmy Van Heusen, coloca as coisas de uma maneira bem mais simples, numa poética canção de amor: "*Imagination is funny, it makes a cloudy day sunny, makes a bee think of honey, just as I think of you."/ "Imaginação é engraçada, faz um dia nublado ficar ensolarado, faz uma abelha pensar em mel, assim como eu penso em você."* A maioria dos instrumentistas que sola sobre esse tema procura traduzir em seus improvisos o espírito da letra, como se dentro da máxima do pensador francês Barthelemy Catharine Joubert: "Um músico deveria empregar as imagens dos sons que quer representar e não os sons em si."

Os dicionários definem imaginação como "faculdade de imaginar, conceber e criar imagens". Sugestivamente, no vocabulário da entomologia, "imaginação" significa a "passagem de pupa ou ninfa a inseto adulto". No jazz, a imaginação não é apenas a capacidade de conceber e criar imagens, mas a capacidade de fazê-lo num espaço-tempo restrito. Gravar um disco, no primeiro meio século de vida do jazz, era um desafio que obrigava os músicos a dizerem tudo o que tinham a dizer em nada além de três minutos. Até o surgimento do LP, os discos comuns raramente ultrapassavam a barreira dos três minutos, obrigando os solistas a exercerem sua imaginação ao máximo num tempo mínimo. Mas o que seria uma camisa-de-força a cercear a criatividade do jazzista transformou-se, ao contrário, num desafio à sua imaginação criadora. Já em 1927, Louis Armstrong gravava em dois minutos e 54 segundos uma verdadeira obra-prima, "Potato Head Blues", que Woody Allen, no filme *Manhattan*, incluiu numa lista das coisas que fazem a vida valer a pena. Outra obra-prima é a gravação que Armstrong fez no ano seguinte, "West End Blues" – o equivalente a uma sinfonia de Mozart ou Beethoven comprimida no espaço exíguo de três minutos 15 segundos. Outra pérola de concisão é "Wolverine Blues", de 1927, pelo trio de Jelly Roll Morton, em três minutos 17 segundos. Morton toca a primeira metade sozinho ao piano num rompante de ragtime e jazz e então dá um breque para a entrada dos irmãos Dodds, a clarineta melíflua de Johnny e a bateria esperta de Baby, que está em outra genial gravação em trio, feita em Chicago em 1940, "Blues in Thirds" (dois minutos e 54 segundos), com Sidney Bechet à clarineta e Earl Hines ao piano.

Duke Ellington gravou algumas de suas mais importantes peças orquestrais entre 1927 e 1930, todas no limite de tempo das gravações da época: "East St. Louis Toodle-Oo", "Black and Tan Fantasy", "Mood Indigo", "Black Beauty", "The Mooche" e "Rockin' in Rhythm".

Outro mestre da síntese no jazz foi o sax-tenor Lester Young, considerado o pai do estilo cool. Seus solos breves acompanhando a cantora Billie Holiday nos anos 1930 são verdadeiros tratados de improvisação. Sua frase final de apenas 16 segundos em "Sometimes I'm Happy" (1943) é repetida por saxofonistas e orquestradores até hoje. (Lee Konitz repetiu nota por nota o solo de Lester com Billie em "All of Me" e orquestrou a pequena frase de "Sometimes I'm Happy" para um noneto, transformando-a numa nova composição.)

Usar a imaginação e puxar ao máximo por ela é o atributo essencial do músico que improvisa. Mas certos jazzistas foram além desse exercício em pontos cruciais da sua carreira: alcançaram, de certa forma, aquele momento de iluminação – o *Eureka!* de Arquimedes, o "estalo" do Padre Vieira ou o *satori* do monge zen. Mirem-se no exemplo daqueles músicos fabulosos que dialogam com bichos, tocam instrumentos imaginários ou fazem do próprio corpo um instrumento, buscam obsessivamente sons impossíveis e descobrem atrás do arco-íris uma melodia de rara beleza que ficará para a eternidade.

Bud Powell

as notas mágicas de um piano virtual

Earl "Bud" Powell (1924-66) foi um dos principais pianistas e compositores do jazz moderno. Em seus breves 42 anos de vida, foi um dos principais nomes do bebop e, segundo o trompetista Dizzy Gillespie, "não tocava piano como um pianista, mas como um saxofonista, como Charlie Parker, *a-diddle-de-diddle-de-diddle-a-diddle*".

Bud nasceu em Nova York numa família de músicos: o avô, o pai e o irmão Richie eram pianistas, o irmão William tocava trompete e violino. Bud começou cedo, aos 6 anos, e até os 15 adquiriu conhecimento da música européia e da técnica pianística. Largou a escola, tocou em espeluncas e trabalhou com grupos desconhecidos até entrar para a grande orquestra de Cootie Williams, na qual fez suas primeiras gravações. Ao lado de Gillespie e Charlie Parker, participou da revolução do bebop, influenciando toda uma nova geração de pianistas, embora seu estilo fosse altamente pessoal e inimitável. Em 1949, fez as primeiras gravações sob o seu nome para Blue Note; em 1951, acompanhado de baixo e bateria, gravou a composição que é considerada seu auto-retrato musical, "Un Poco Loco". Quando saíram em LP as três *takes* do tema, o crítico Leonard Feather batizou aquela seqüência como "o nascimento de uma obra-prima".

A mudança radical de estilos (de música, de vida) trazida pelo bebop refletiu-se nos títulos das composições, que pareciam fazer parte de uma linguagem cifrada só conhecida de iniciados. Aos temas do jazz tradicional e do swing que faziam alusão à própria música (blues, boogie, rag, stomp) ou ao universo emocional retratado nas canções que serviam de base para os improvisos (com ênfase em palavras como *baby, love, moonlight, stars*), os novos compositores inovavam com conceitos mais intelectualizados, como "Anthropology" ou "Ornithology" (Charlie Parker tem um tema impronunciável, "Klactoveesedstene"...). Bud Powell contribuiu com nomes instigantes. Entre suas composições figuram "Dance of the Infidels", "The Scene Changes", "Hallucinations", "Time Waits", "Cleopatra's Dream" e "Glass Enclosure", que pode ser traduzido como jaula de vidro, com forte atmosfera autobiográfica.

Bud sofreu seu primeiro colapso nervoso em 1945, em decorrência de uma agressão policial, em que foi golpeado na cabeça, e do seu internamento ilegal num asilo de loucos. Ao longo dos anos 1950, continuou batalhando heroicamente com seu piano para manter um equilíbrio emocional precário. Em 1959, mudou-se para Paris: as coisas melhoraram temporariamente, mas os fantasmas acabaram voltando e Bud regressou aos Estados Unidos, para morrer num hospital do Brooklyn em 1966.

Embora a doença mental o tenha submetido a longos períodos de inatividade, é impressionante como a maior parte do que Bud gravou, mesmo sob as condições mais adversas, obedece a uma lógica cristalina em termos de construção musical. À medida que sua mão direita atuava cada vez mais como um instrumento de sopro, a esquerda pontilhava seus solos com acordes dissonantes esparsos, lançados ritmicamente, quase como uma acentuação de bateria. Isso contrariava o cânone e Art Tatum, da escola mais antiga, chamou certa vez Bud de "pianista de uma só mão". Noites depois, num clube noturno lotado, diante de Tatum, Bud tocou um conhecido standard numa velocidade incrível, só com a mão esquerda. Correu até a versão de que Bud teria esfaqueado a mão direita para colocá-la fora de ação naquela noite lendária. Bill Evans, que veio depois e soube criar seu próprio estilo, admitiu a influência de Bud e afirmou:

> *Se eu tivesse de escolher um único músico por sua integridade artística, pela originalidade incomparável de sua criação e também pela grandiosidade de sua obra, seria Bud Powell. Ninguém chega sequer ao seu calcanhar.*

Como a maioria dos músicos negros de jazz, Bud sofreu a perseguição implacável dos policiais americanos, racistas e truculentos. Aos 21 anos, agredido por golpes de cassetete, mesmo com uma ferida aberta na cabeça e um curativo feito às pressas, foi levado à cadeia, onde o submeteram a duchas de água com amoníaco para "acalmá-lo". A agressão deixou seqüelas, particularmente dores de cabeça intensas, que acabaram levando-o a Bellevue, sarcasticamente intitulado "o hospício de nove entre dez estrelas do jazz". Após uma série de diagnósticos equivocados e uma certa dose de preconceito racial, Bud foi mandado para o hospício de Creedmor, uma verdadeira fortaleza cercada de altos muros encimados por arame farpado, onde foi submetido a todo tipo de torturas: medicação maciça de calmantes e soníferos, injeções sinistras de um "veneno" não identificado e choques elétricos.

Por sorte, um dos jovens médicos era fã de jazz e chocado ao verificar que tinha como paciente o grande Bud Powell. Começou a dar-lhe mais atenção e a permitir a visita esporádica de amigos e parentes. Lá, passou 13 meses trancado numa pequena cela, quase sem ver a luz do dia. Apesar de todas as condições adversas, a imaginação de Bud viajava livremente. Um dia, o pianista Elmo Hope, que adorava Bud e se inspirava no seu estilo, foi vê-lo em sua "jaula". Bud perguntou: quer ouvir minha última composição? E, para um Elmo Hope estarrecido, Bud "tocou" o seu novo tema num teclado que ele mesmo havia desenhado na parede nua da cela. "Que tal estes acordes?" Nunca as notas musicais soaram com tanto brilho e com tanta emoção.

Erroll Garner

a canção atrás do arco-íris

Erroll (Louis) Garner (1921-77) tinha um ouvido tão privilegiado desde criança que nunca se deu ao trabalho de aprender a ler música. Bastava-lhe ouvir uma vez qualquer peça, por mais complexa que fosse, que ele a aprendia de cor. Já em plena carreira como um dos mais bem-sucedidos e requisitados pianistas do jazz, costumava dizer, quando mencionavam que não sabia ler partitura: "Pô, cara, e quem é que ouve se você está lendo música ou não?"

Garner começou a tocar aos 4 anos, aos 10 já participava de shows na rádio de sua cidade natal, Pittsburgh, e aos 23 anos partiu para dar sua mordida na Grande Maçã (Nova York é chamada de Big Apple na gíria do jazz). Tocou esporadicamente em grandes orquestras, acompanhou o genial Charlie Parker nas gravações feitas na Califórnia, mas logo se fixou na fórmula individualista que mais lhe convinha: tocar em trio, acompanhado apenas de contrabaixo e bateria e, em certas ocasiões, ao piano solo. O grande baixista Red Callender dizia que, com sua mão esquerda fantástica, Erroll não precisava realmente de um baixista, apenas o usava como uma espécie de luxo, pelo prazer da companhia. E o baixista de Garner, Wyatt Ruther, confirmava:

> *Ele era de fato um excelente pianista solo, mas se sentia mais à vontade com baixo e baterista. Era engraçado porque, quando tocávamos juntos e eu não tinha certeza de uma nota do baixo num ponto particular de um tema, Erroll tocava e mostrava para mim.*

Erroll foi um dos raros músicos de jazz a conquistar o grande público como compositor, em especial através de uma canção chamada "Misty", que ganhou letra de Johnny Burke, foi gravada pelos principais cantores populares e do jazz, de Frank Sinatra a Sarah Vaughan, de Johnny Mathis a Dakota Stanton. O fascínio dessa canção foi tanto que Clint Eastwood estreou como diretor de cinema com o filme *Play 'Misty' for Me* (*Perversa paixão*) (1971), um *film noir* em cores em que a canção desempenha um papel fundamental.

A gênese de "Misty" é um exemplo admirável de como Garner sabia explorar sua imaginação. Aparentemente, as sementes de "Misty" estavam numa canção malresolvida de Garner intitulada "Fancy". O baterista Eugene "Fats" Heard insistiu para que ele trabalhasse mais no tema e o resultado teria sido "Misty". Mas o próprio Erroll garante que "Misty" lhe foi inspirada por um arco-íris que ele presenciou do alto de um avião durante um vôo de São Francisco a Chicago para uma gravação da Blue Note em 1954. Ele contou, muitos anos depois:

> *Naquela época não havia aviões a jato e tivemos de parar em Denver. Quando estávamos descendo, houve um bonito arco-íris – um arco-íris fascinante porque não era extenso, mas muito largo e com todas as cores que você pode imaginar. Com as gotículas nas janelas do avião, que estavam enevoadas* (misty), *e aquela garoa toda, re-*

> *solvi chamá-la de "Misty". Lembro que a cantarolei no próprio avião e toquei nos meus joelhos até que a melodia completa se formou na minha cabeça. Quando desci do avião, a música estava pronta. Como íamos gravar em Chicago, incluí a nova canção no repertório.*

O baixista da sessão de 27 de julho de 1954 em Chicago, Wyatt Ruther, conta:

> *Erroll nunca dizia aos acompanhantes o que ia tocar. Simplesmente dava a partida e Fats Heard e eu o seguíamos. Nessa sessão, quando terminamos, perguntei a Erroll: "De onde veio isso?" Ele deu um leve sorriso e disse que era algo que vinha rolando há algum tempo na sua cabeça. Achei uma bela balada e gostei dela à primeira audição, mas nenhum de nós imaginou que se tornaria algo tão grandioso, um standard clássico do repertório americano.*

Erroll Garner foi obrigado a tocar "Misty" pelo resto de sua carreira. Ele mesmo calculou que havia reciclado a peça pelo menos mil vezes por ano. E, com sua rica imaginação, a cada vez "acrescentava uma coisinha".

Sonny Rollins

em busca da nota impossível

Como explicar um músico que no auge do sucesso abandona tudo para passar as noites tocando saxofone numa ponte suspensa entre o Brooklyn e Manhattan? Não há explicação quando o músico se chama Theodore Walter "Sonny" Rollins. Até a altura desse episódio, em seus 50 anos de vida, ele havia passado por uma infinidade de experiências – do inferno das drogas aos tranqüilos jardins de pedra dos mosteiros japoneses; dos neuróticos relacionamentos e pressões do showbiz às sessões de ioga nos *ashrams* da Índia; das frenéticas turnês internacionais ao disciplinado estudo musical e à prática incessante do instrumento. Se Sonny Rollins escapa a qualquer definição lógica é justamente porque escolheu o estilo mais subjetivo da música para se expressar. E o seu jazz é uma linguagem capaz de traduzir emoções complexas, dentro de um contexto psicossocial bastante amplo. Como diz Rollins: "Aquilo que você toca depende da sua vivência e isso o torna de certa forma *político*, mas eu não *procuro* deliberadamente falar de política através da minha música."

Ele mesmo descreve sua "vivência":

Nasci num apartamento em Nova York, na rua 137. Foi em 1930, mas tive de aumentar a idade para conseguir documentos de trabalho. Perto de casa ficavam o Savoy Ballroom e o Cotton Club. Eu passava todo dia por eles com uma vontade louca de entrar. Mas não era preciso ser maior de idade para freqüentar o Apollo e lá eu vi praticamente todo mundo – Duke Ellington, Count Basie, Lionel Hampton, que dias aqueles! A gente comprava algumas balas e assistia a um filme policial e depois ouvia os músicos aquecendo nos bastidores e então apareciam no palco e tocavam para valer. O que me deu vontade de ser músico foi ver um saxofone no seu estojo. Tão bonito e reluzente, me apaixonei pelo instrumento. Além do Harlem, havia muita música interessante rolando na rua 52 (hoje batizada de Swing Street), e eu ia para lá com outros garotos da vizinhança. Passávamos lápis de sobrancelha em torno dos lábios e usávamos chapéus imensos bem enfiados na cara para que ninguém visse que éramos menores. Charlie "Bird" Parker tocava por lá e nós o chateávamos um bocado, mas o Bird sempre foi muito legal. Ouvi Parker pela primeira vez aos 15 anos. No começo não entendi. Depois correu um boato de que ele tinha morrido. Sua gravadora lançou seus discos e não se ouvia outra coisa no Harlem. Captei a mensagem. Ao mesmo tempo, era um devoto de Coleman Hawkins – eu tinha um sax-alto, mas queria um tenor para ser igual a Hawk. Consegui meu primeiro tenor aos 16 anos, e então todas estas influências se entrelaçaram e as pessoas me chamaram de "o Bird do tenor".

Sonny Rollins teve a oportunidade única de tocar com esses dois mentores. Com Parker gravou nas sessões de 1953 do grupo de Miles Davis; com Hawkins, tocou no Festival de Newport de 1963, e daí nasceu a idéia de um álbum reunindo os dois, com um trio rítmico. De Coleman, Rollins tirou também a idéia de partir para longos solos de sax-tenor sem nenhum acompanhamento:

Hawkins tinha gravado um solo famoso, "Picasso", e então eu vi que isso era possível. Na verdade, ele me falava sempre de uma ópera que faríamos para dois sax-tenores, cada um assumindo um papel.

Rollins realizou seu sonho de tocar saxofone totalmente solo num concerto no Salão das Esculturas do Museu de Arte Moderna de Nova York em 1985 – quase uma hora de som reproduzida em *The Solo Album*.

Embora o sucesso tivesse chegado cedo para Rollins, por volta dos 20 anos, ele sucumbiu, como a maioria, ao grande flagelo dos jazzistas:

As drogas surgiram como um furacão no início dos anos 1950. Muitos caras voltavam da Coréia cheios de heroína. A droga era farta e entrei numa pior. Foi uma coisa que todos nós atravessamos. Uns conseguiram se safar, outros, não.

A luta de Rollins para "se safar" começou em 1952, quando passou oito meses no Hospital Federal de Lexington, no Kentucky, tentando se livrar da dependência dos tóxicos. Fracassou, e voltou para lá em fins de 1954.

Desta vez eu tinha uma forte motivação. Charlie Parker disse que eu poderia ser um grande músico se não fizesse besteira, e suas palavras me tocaram. Parker já não conseguia mais se livrar e queria provar aos músicos mais jovens, com o seu martírio, que a droga não levava a lugar algum – a não ser ao cemitério. Eu queria mostrar a ele que ouvira seu recado. O triste é que Parker morreu em março de 1955, quando eu ainda estava trancado em Lexington.

Anos depois, Sonny comentaria:

Quando descobrimos que Billie Holiday e Charlie Parker usavam drogas, achamos que aquilo não devia ser tão ruim – e talvez fosse a chave de sua criatividade. Charlie Parker era um sonho. Foi um líder muito importante para nós. Nós o víamos como uma figura de Jesus Cristo que se deixou crucificar lutando pela liberdade, e até o fato de que usava drogas era uma espécie de sacramento.

Na sua volta, considerado uma das forças do novo estilo chamado de hard bop, Rollins teve uma fase de ouro no quinteto de estrelas com o trompetista Clifford Brown, o pianista Richie Powell, o baixista George Morrow e o baterista Max Roach, e gravou intensamente para a Prestige, álbuns como *Saxophone Colossus* e *Tenor Madness*, este com John Coltrane, a nova voz do saxofone, com seu timbre metálico e seu fraseado anguloso. Apesar do sucesso, Rollins resolveu dar uma parada, em 1959:

Eu estava fumando e bebendo demais e queria endireitar minha saúde. Sempre desejei aprender música formalmente e era uma boa ocasião para estudar uma nova abordagem do instrumento. Interessei-me, também, por metafísica e pelo homem utópico. Coltrane e eu trocávamos livros sobre esses assuntos o tempo todo.

Foi a fase em que aquela figura de 1,90m de altura assombrava as madrugadas na passarela de pedestres da ponte de Williamsburg.

Comecei a caminhar pela ponte e achei um lugar soberbo para praticar sax. Você pode ver todo o cenário, a silhueta dos prédios, a água, o porto. Pode tocar ao volume que quiser. Faz você pensar. A grandiosidade da vista lhe dá perspectiva.

O segundo retiro espiritual de Rollins começou em 1968, uma época em que o mercado musical vivia a ditadura do rock.

> *O país estava tumultuado e eu queria sair por uns tempos. Queria também me aprofundar em outras questões não musicais e, assim, fui à Índia, para conhecer sua cultura e descobrir seus segredos.*

Ele passou também algum tempo no Japão, estudando zen-budismo. A influência do zen é clara nesta frase: "Quando toco, não gosto de programar demais meu pensamento. Quero ter a mente limpa para exprimir espontaneamente no saxofone as minhas experiências de vida."

Num perfil publicado na *Rolling Stone* em 1990, Scott Spencer escreve:

> *Força, daqueles tempos até hoje, tem sido não só uma obsessão, mas uma marca de Rollins. Um homem alto, fisicamente imponente, comparado no passado ao arremessador dos Dodgers de Brooklyn, Don Newcombe, e, por pelo menos um crítico de jazz, ao Otelo de Shakespeare, Rollins manteve, desde os anos 1950, um regime de alimentação natural, exercício, halterofilismo e disciplina espiritual. Bebe moderadamente, há muito tempo largou o cigarro e, relutantemente, a maconha. Aos 60 anos, mantém o físico e o porte de um atleta.*

Desde cedo ele sempre treinou diariamente pelo menos cinco horas diárias no saxofone; ainda garoto, praticava escalas horas a fio, aperfeiçoando seu timbre, sua destreza e sua excepcional resistência atlética, que o fizeram bater recentemente, num duelo de saxofones, um dos talentos jovens mais notórios, Branford Marsalis. Toda esta exuberância se apóia numa filosofia de vida relativamente simples: o amor ao que faz. Diz Rollins: "Felicidade é tocar saxofone. A música é uma coisa universal e democrática. Amo o jazz. Acho que o jazz é a música do futuro, do passado e do presente."

No cenário do jazz, Rollins continua sendo um "titã do saxofone". Lançou em 2005 o CD *Without a Song/The 9/11 Concert*, gravado ao vivo em 15 de setembro de 2001, ainda sob o impacto da explosão das Torres Gêmeas. E, em 2006, saiu seu novo álbum, *Sonny, Please*, uma prova viva da sua vitalidade extraordinária, aos 76 anos.

Foi na época de suas explorações noturnas na ponte (de que resultou o álbum *The Bridge*) que Sonny Rollins – e ele já dominava a técnica do saxofone como poucos – começou a aprofundar suas pesquisas em busca da "nota impossível". O saxofone é um instrumento que, teoricamente, só pode tocar notas isoladas; ao contrário dos instrumentos harmônicos, como o piano ou o violão, ele só emite uma nota de cada vez. Há muito tempo os saxofonistas vinham tentando romper essa barreira. O próprio Coleman Hawkins já havia tentado. Sonny Rollins foi um dos pioneiros da técnica do *false fingering* ou *fake fingering*, uma maneira torta de tocar sax e alterar o timbre das notas, utilizando um dedilhado alternativo. Ao encontrar esta nova maneira anticonvencional de tocar saxofone, Sonny Rollins, ao lado de John Coltrane, tornava-se uma espécie de "homem utópico" do saxofone, buscando – e pela primeira vez encontrando – a nota impossível do jazz.

Raul de Souza

serenata para um búfalo aquático

Da Pavuna para o mundo. Esta é a história de João José Pereira de Souza, nascido em 1934 no Rio de Janeiro, que começou tocando pandeiro na igreja do pai, pastor presbiteriano, soprou tuba na Banda da Tecelagem Bangu, onde trabalhava, tentou trompete, flauta e saxofone antes de se decidir pelo trombone, inicialmente um trombone de válvula ou de pisto e, depois, o trombone de vara. Já tocava como gente grande na última década da era do rádio, os anos 1950, quando a oportunidade de aparecer passava pelos programas de calouros. Brilhou no de Ary Barroso e ali ganhou seu nome artístico. "João José não é nome de trombonista", decidiu Ary. "Já temos o Raulzão (Raul de Barros). Você vai ser o Raulzinho." Apesar de eleito o melhor trombonista de 1957, Raul não conseguia emprego e seguiu o exemplo de uma dezena de músicos cariocas que haviam se mudado para Curitiba e ingressado na banda da Base Aérea do Bacacheri, envergando uniforme da Aeronáutica e tudo.

Os cinco ou seis anos que passou em Curitiba foram de definição para sua carreira. A partir daí, fazendo escala no João Sebastião Bar, o reduto da bossa nova em São Paulo, Raul estava de volta ao Rio, tocando no sexteto Bossa Rio, de Sérgio Mendes, que o levou na primeira excursão pela Europa. Depois do primeiro álbum, lançado em 1965, Raul voltou a Paris, atuando com o baterista americano Kenny Clarke. Trombonista do RC7 – a banda que acompanhava Roberto Carlos –, Raul chegou a aparecer até no filme *Em ritmo de aventura*. Fez parte do Impacto 8, mas sentia sua arte estagnada no Brasil de fins dos anos 1960 e se mudou para o México, onde passou três anos. Um telefonema de Airto Moreira e de Flora Purim fez Raul trocar Acapulco por Los Angeles e, na companhia de Airto e Flora, pegar a estrada abrindo os shows para a turnê dos Crusaders. Em 1974, Raul lançou o álbum *Colors*, na Milestone, um importante selo de jazz, com arranjos do seu grande ídolo, o trombonista J. J. Johnson, e a participação do saxofonista Cannonball Adderley. A partir daí, trabalhou com feras como o vibrafonista Cal Tjader, o saxofonista Sonny Rollins e o tecladista George Duke, que produziu dois álbuns de Raul, de grande sucesso, *Sweet Lucy* (1977) e *Don't Ask My Neighbours* (1978).

Depois de uma temporada em Boston, à espera de uma prometida verba que nunca apareceu para estudar composição no Berklee College of Music, Raul instalou-se em Los Angeles, onde fundou sua editora musical e patenteou o souzabone, um trombone diferente que ele concebeu. Escolhido entre os melhores trombonistas do ano pelos leitores da revista *DownBeat*, Raul virou também verbete da famosa *Encyclopedia of Jazz in the 70s*. Vivendo em Paris nos últimos anos, Raul de Souza continua lançando discos, fazendo shows e participando dos grandes festivais de jazz do mundo; planeja ainda criar uma fundação com o objetivo de ensinar música a crianças e formar os profissionais do futuro.

A temporada que passou em Curitiba foi crucial para Raul. No Rio, deixou a primeira mulher com dois filhos; em Curitiba, encontrou a segunda mulher, com quem teve outros dois filhos. Na Base Aérea do Bacacheri, ensaiava música o dia inteiro, marchas e dobrados marciais. Queria tocar algo mais instigante, como o jazz, e incursionava na noite curitibana com a farda azul e o trombone de pisto para tocar em boates e dancings. O comandante da base do Bacacheri, coronel Peralta (o sobrenome tinha tudo a ver com a figura), gostava de música e de festas e estimulou a criação de uma orquestra de dança formada por músicos da base, a Orquestra 14 Bis, que atuou com sucesso por algum tempo. Mas a música que se fazia na noite curitibana era descartável e não aquele jazz de acordes e improvisos complexos que Raul entreouvira em alguns discos modernos. Ainda nos tempos em que treinava para os concursos de calouros, ouviu um comentário do cantor Jamelão que nunca mais esqueceria: "Rapaz, você toca trombone muito bem, mas o que está tocando não é comercial. Toque alguma coisa carioca, que todo mundo conheça e goste."

A essa altura, o amigo carioca do Raul, Edson Maciel (Maciel Maluco, e o apelido também tinha tudo a ver), baixou em Curitiba com seu trombone de vara (mais mulher, cachorro e outras tralhas, que incluíam um arsenal de estimulantes e estupefacientes químicos, além da adocicada "erva da vida"). Trombone de vara e trombone de pisto formam um duo imbatível, que lembra a grande dupla de trombones do jazz da época, J. J. & K (o afro-americano J. J. Johnson e o dinamarquês Kai Winding). Raul e Maciel se completam e fogem da música "comercial" tocando para as árvores, para os postes e para os bustos de personagens ilustres, como o do reitor da universidade e o do barão do Rio Branco, no alto da rua do mesmo nome. Lances insólitos rolam na madrugada curitibana: se parece natural o Raul dar canja no trabalho do Maciel – que toca no dancing Caverna Curitibana –, não parece nada natural o Raul levar o Maciel, depois de uma longa noitada, para dar canja no ensaio matinal da banda da Base Aérea, tocando um dobrado, o Maciel à paisana em meio àquele mar de uniformes azuis.

Foi nessa época que ocorreu o episódio do búfalo, a reunião metafísico-musical de Raul com um representante da espécie *Bubalus bubalis*, um búfalo indiano ou búfalo aquático, ocorrida no meio da noite no Passeio Público de Curitiba, por volta de 1961. Transcrevo o relato de Adherbal Fortes de Sá Jr., no livro *Vestido branco: a aventura musical*, um panorama na noite curitibana nos anos 1950-60:

> *A preocupação com os colegas músicos nunca saiu da cabeça do Raul. Uma noite, depois de ter tocado na Boate Tropical, no Passeio Público, sentou numa cadeira de ferro, lá fora, e ficou pensando em como ajudar outro amigo, Figo Seco. Como é que pode, um cara daqueles, o tempo inteiro estudando música, compondo, ensaiando trompete, sem dinheiro para comer? Raul matutava. Para pensar melhor, tirou do bolso uma charula daquelas. Enquanto fumava, olhou para os pedalinhos e decidiu: vou até lá saber por que é proibido ultrapassar.*
>
> *Desamarrou um pedalinho e dirigiu a embarcação para o meio do lago. Começou a tocar. De repente, aparece a cabeça chifruda de um búfalo, que desce a rampa e entra na água. Raul tocando e olhando para o búfalo, o búfalo vindo em direção ao Raul. Vinha de mansinho, até que parou e ficou lá, encarando. Então Raul se descontraiu e improvisou. Jura que eles ficaram amigos de cara. Por isso, quando terminou de tocar, despediu-se gentilmente do búfalo. Deu marcha à ré no barco e quando olhou para trás viu o animal voltando para casa, subindo a rampa que havia descido para ouvi-lo tocar.*
>
> *– Porra, toquei prum búfalo, mas isso é incrível.*
>
> *Raul saiu do Passeio Público, entrou no primeiro bar que encontrou aberto e foi avisando aos presentes:*

– *Hoje encontrei meu melhor amigo: um búfalo.*

– *Búfalo, às seis da manhã?*

Todo mundo queria saber que bolinha Raul tinha tomado para estar tão doidão. Neste dia, de tão emocionado, ele nem foi para o quartel: aquela tinha sido uma madrugada para lá de memorável, precisava ser muito bem guardada.

Com a passagem do tempo, a história virou lenda e ganhou uma infinidade de versões. Raul imortalizou o "amigão" na faixa "Water Buffalo" do álbum *Colors*. Críticos americanos escreveram que Raul havia tocado com os búfalos da Amazônia, onde ele nunca esteve. Nem mesmo o próprio Raul lembra ao certo como foi. Dizem que não era um búfalo, mas uma búfala; ou um casal de búfalos; que o mamífero ruminante respondia com mugidos aos sons do trombonista; que Raul voltou ao lago várias vezes para trocar improvisos com o búfalo e que as frases de ambos se tornavam cada vez mais ricas e complexas. Na cerração das longas madrugadas curitibanas daqueles tempos remotos, tudo era possível. E a lembrança dos duetos com o búfalo do Passeio Público persistiu na memória de Raul, alimentando sua imaginação musical ao longo dessas cinco décadas de carreira vitoriosa.

Paul Winter

conversa com lobos e baleias

Menino-prodígio, Paul Winter nasceu em Altoona, na Pensilvânia, em 1939, começou a tocar piano, clarineta e bateria aos 5 anos, mas acabou optando pelo saxofone. Na Northwestern University, em Chicago, Winter formou uma banda que venceu o Festival de Jazz Intercolegial, ganhou um contrato para gravar na Columbia e foi enviado pelo Departamento de Estado norte-americano – como Louis Armstrong e Dizzy Gillespie antes dele – para uma turnê pela América Latina, dentro da idéia de que o jazz era uma excelente arma de propaganda anticomunista. O sexteto de Paul Winter assimilou os sons inovadores da bossa nova e, a convite de Jacqueline Kennedy, se tornou o primeiro grupo de jazz a tocar oficialmente na Casa Branca.

Pouco antes de embarcar na excursão latino-americana de seis meses por 23 países, Paul ouviu pela primeira vez um álbum de bossa nova e ficou extasiado. "A experiência mudou meu jeito de tocar sax para sempre", admitiu ele. "Ao ouvir João Gilberto usando a voz como um instrumento de sopro, fiquei pensando se eu não poderia usar o sax como uma voz..." Desejoso de ampliar os horizontes do jazz, Paul voltou ao Brasil em 1964, morou em Ipanema por uns tempos e gravou com os dois Luízes, Eça e Bonfá. O violão brasileiro, a percussão afro-brasileira e a música sinfônica de Villa-Lobos inspiraram de certa forma o Paul Winter Consort, que ele fundou em 1967, uma espécie de grupo de jazz de câmara.

> *Tomei emprestado o nome "consort" dos conjuntos da época de Shakespeare, a "banda" dos teatros elisabetanos que aventurosamente fundia sopros, cordas e percussão, as mesmas famílias de instrumentos que eu queria combinar em nosso "consort contemporâneo".*

Em 1968, o acaso abriu um novo caminho para Paul Winter quando ele assistia a uma palestra do biólogo Roger Payne, ilustrada com gravações de sons emitidos por baleias jubartes. "Fiquei impressionado com a beleza das vozes das baleias e a inteligência que existia por trás de suas 'canções'", lembra Winter. "Foi uma espécie de epifania, que me abriu as portas da natureza." [Paul deve ter ficado feliz com a recente descoberta de que as baleias têm neurônios humanos, ou seja, as baleias jubartes possuem um tipo de célula cerebral só encontrada em humanos, grandes símios e golfinhos.]

A partir dos anos 1970, Winter embarcou na Earth Music – "música da Terra" –, gravando acompanhado pelo som de baleias da costa do Canadá e lobos da Califórnia e de Minnesotta. Registrou também o *Canyon Lullaby* ao vivo no cenário do Grand Canyon. Em 1994, aos 55 anos (vegetariano há 30), Winter lançou o álbum *Prayer for the Wild Things*, que o levou ao norte das montanhas Rochosas, onde gravou as vocalizações de 27 pássaros e mamíferos, incluindo alces, lobos, coiotes, antílopes, cisnes-assobiadores e gansos canadenses, entrelaçando-as com sopros, cordas, cantores nativos da América e muita percussão.

Paul Winter, além de partilhar royalties desses discos com organizações ambientais, tem colaborado ativamente com ONGs como a Greenpeace, e lançou em 1980 um selo destinado a divulgar a música ecológica, o Living Music Records. Depois de celebrar o Grand Canyon em música, Winter envolveu-se de corpo e alma num projeto semelhante no lago Baikal, na Rússia. Ele explica:

> *O Canyon e Baikal são símbolos irmãos. Cada um é a maravilha natural mais reverenciada em seu país; se espelharmos os mapas dos dois países, ambos se situam na mesma posição – Baikal no sudeste e o Canyon no sudoeste; cada um tem 480 km de comprimento, quase 2 de profundidade; ambos têm cerca de 20 milhões de anos; Baikal é alimentado por 33 rios, enquanto o Canyon tem 330 gargantas laterais criadas por rios sazonais que cortam o Colorado.*

Numa entrevista em 1988, Paul Winter resumiu em palavras, com a mesma clareza do seu estilo ao saxofone, o avanço da causa ecológica:

> *Vinte anos atrás, muitos de nós ainda pensávamos que as baleias engoliam pessoas, tínhamos medo de lobos e os russos eram inimigos num local remoto e frio. Então Roger Payne nos trouxe a notícia de que as baleias eram capazes de cantar, John Harris começou a viajar pelo país fazendo reuniões nas escolas com seu lobo Jethro e Yevgeny Yevtuschenko veio à América para ler poesia. Tudo isso começou em 1968. Hoje, centenas de milhares de americanos têm uma nova percepção e respeito pelos lobos; a observação de baleias é um negócio muito mais rentável, no mundo todo, do que o seu assassinato; e Tio Sam e a Mãe Rússia estão tendo um caso. Estas mudan-*

> *ças, para mim, são motivo de otimismo: se pudermos transformar esses medos antigos, talvez possamos superar outros medos, dissolvendo preconceitos e ansiedades que nos separam um do outro e nos separam do presente.*

Quem diria que o jazz – estigmatizado como música dos cabarés noturnos enfumaçados – sairia um dia para os grandes espaços iluminados pelo sol em comunhão com a natureza e em sua defesa? Essa é mais uma característica desta forma de arte que – em função da sua extrema abertura – continuará a surpreender, sempre.

Hermeto Pascoal

...e O Bruxo desplugou o sintetizador

Em setembro de 1978, Hermeto Pascoal proclamava numa entrevista: "Conheço todos os grupos do mundo e sei que em termos de coisa nova sou o único mesmo." E não é que ele estava coberto de razão? Nascido em 1936 em Lagoa da Canoa, município de Arapiraca, em Alagoas, O Bruxo havia acabado de se defrontar com estrelas do jazz como Stan Getz, Chick Corea e John McLaughlin no 1° Festival de Jazz São Paulo/Montreux. A maior vantagem de Hermeto é ser uma das raras pessoas no mundo a tocar todos os instrumentos possíveis – teclados, cordas, metais, saxofones, flautas, acordeão, bateria e percussão – e até os impossíveis, de sua própria invenção, além de sons animais, como o qüén-qüén dos porquinhos no disco *Slaves' Mass* e o dueto entre saxofone e marreco num especial para a tevê.

Hermeto chamou a atenção do mundo do jazz em sua primeira incursão nos Estados Unidos, em 1969, quando participou do álbum duplo de Miles Davis, *LiveEvil*. Aparece rápida, mas genialmente, em duas faixas: assobiando em duo com o trompete assurdinado de Miles em "Little Church"; e ao piano elétrico e vocal em "Nem um talvez". As duas faixas, claramente composições de Hermeto, foram creditadas no disco ao próprio Miles, que já havia feito o mesmo ao gravar a canção folclórica gaúcha "Prenda minha" como "Song #1".

Em 1979, Hermeto viajou para sua primeira turnê internacional, apresentando-se nos festivais de jazz de Montreux e de Tóquio. Na ocasião, o crítico Michael Zwerin (também trombonista da lendária Tuba Band de Miles Davis) publicou um artigo em que saudava "Pascoal, a Brilliant Brazilian" e o colocava nas alturas ao descrever seu novo álbum *zabumbê-bum-á*:

> *Um soprano conduz um grupo de saxes estreitamente entrosados. As figuras polirrítmicas e politonais são uma espécie de Alban Berg incrementado com jazz. Surge a selva. Passagens melódicas insinuam Stevie Wonder. Campainhas, buzinas, apitos, uivos e estalidos saem direto da filosofia de John Cage. Algumas texturas devem fazer Frank Zappa se olhar no espelho. Podemos reconhecer Sun Ra e Kurt Weill e uma curta seqüência é tirada de* Giant Steps *de Coltrane como que para dizer: "Vejam – nós também podemos fazer isso."*

Mas o momento de glória de Hermeto foi no festival de São Paulo em 1978: o confronto com Chick Corea, que se tornaria um equivalente jazzístico do lendário duelo no OK Corral do Velho Oeste. O embate se torna ainda mais emocionante na descrição do próprio Bruxo:

> *Música hoje é competição, não é? O festival era mesmo todo competição. Então, quando eles quiseram entrar no meu número, vi logo que ia ser um duelo. O Corea, principalmente, entrou igual a um leão. Numa boa, mas eu vi que ia ter de domar o bicho. Aí foi aquilo, ele num teclado, eu no outro, olho no olho, mandei ver uns*

forrós bem brabos pra mostrar pra ele que o dono do palco era eu. E foi legal, ele entrou na minha. E aí o McLaughlin foi entrando, não pediu licença nem nada pra mim, palco é igual a uma igreja, uma coisa sagrada, mas é que ele estava empolgado, tão empolgado que não conseguia se acertar com a gente, por isso mandei aquele frevinho, que faz mais o gênero dele.

Na apresentação do McLaughlin na noite seguinte, senti que o show estava todo no mesmo clima, caindo muito, e ainda faltava uma hora para acabar. Aí pensei: sou mais velho, vou lá ensinar umas coisas pra ele. Pedi para entrar; só tinha um sintetizador, nunca toquei naquilo, nem gosto, mas topei, fui logo fazendo umas coisas diferentes. O McLaughlin disse: "Nunca ouvi um som como este." Instrumento que tiver eu toco, mesmo sem nunca ter tocado. O sintetizador é igual para todos, mas muitos músicos parecem ter medo de mexer em todos os botões e fica todo mundo na mesma. A diferença é que consigo transformar uma bacia num som mais importante do que o emitido por um sintetizador. Para dizer a verdade, prefiro um caxixi a um sintetizador.

No final, dando uma prova definitiva de sua critividade, O Bruxo desplugou o sintetizador de suas funções eletrônicas, reduzindo-o a um grande piano de brinquedo, martelando as teclas emudecidas com seus dedos gorduchos de eterna criança, deixando boquiabertos os astros do jazz que o cercavam e acompanhavam suas notas e acordes apenas pela leitura dos movimentos dos dedos. Ovo de Colombo? Descoberta da pólvora? Não, apenas o triunfo do homem sobre a máquina – e mais uma amostra da imaginação ilimitada do menino que saiu das Alagoas com sua sanfona para conquistar o mundo.

Bobby McFerrin

o corpo como instrumento

Quando decidiu ser músico, Bobby McFerrin se viu num beco sem saída. O jazz já tinha explorado todos os caminhos possíveis: das improvisações longas e raivosas do free à suavidade da bossa nova, da eletrificação roqueira da fusion ao renascimento acústico. Nascido em Nova York em 1950, foi superexposto na adolescência à onda do rock, mas queria mesmo fazer jazz. Começou como pianista, depois pianista e cantor – filho de cantores de ópera que era –, mas a grande virada na sua vida e carreira aconteceu aos 27 anos. Ele mesmo conta:

> *Em 11 de julho de 1977, ouvi uma voz dentro da minha cabeça me dizendo para ser cantor. Comecei a me imaginar sozinho no palco, cantando, embora não pudesse ouvir o que era. Anos antes disto, fiquei fascinado uma noite ouvindo um cara tocando trompete sozinho numa viela... e quando era pianista eu sempre me inspirei nas improvisações solo de Keith Jarrett. Assim, de certa forma, comecei naturalmente a cantar sozinho e desenvolvi minha técnica a partir da*

> *necessidade, explorando maneiras de produzir os sons que ouvia na minha cabeça.*

Bobby McFerrin chamou a atenção do público e da crítica com sua apresentação solo no Kool Jazz Festival de 1981, e em 1983 havia aperfeiçoado seu estilo de improvisações vocais sobre letras de canções conhecidas ou cantando em scat, imitando instrumentos, principalmente baixo e guitarra (como em "Sunshine of Your Love", do Cream), além de explorar uma gama de sons guturais, uivos, assobios, estalos vocais, viajando do grave ao falsete. Apresentando-se geralmente de jeans e peito nu, McFerrin usa também o próprio corpo como uma caixa de percussão, batendo com as mãos no torso ou nas pernas. Avesso a qualquer tipo de instrumento, compôs um tema que define sua filosofia de interpretação musical: "I'm My Own Walkman". Sua canção mais conhecida, "Don't Worry, Be Happy" foi acoplada ao Smiley, aquela carinha amarela e sorridente que se tornou um dos ícones da nossa época. Veiculada na trilha do filme *Cocktail* (1988), chegou ao topo da parada de sucessos nos Estados Unidos.

O repertório de McFerrin reflete a universalidade da sua arte. Nestes últimos vinte anos ele viajou de Bach ao bebop e aos Beatles; de Marley a Mozart; de Vivaldi e Rismky-Korsakov a Duke Ellington e Miles Davis – e a Bobby McFerrin, é claro, o compositor. Engajou-se ainda em colaborações a alguns dos maiores músicos atuais, como os pianistas Chick Corea e Herbie Hancock, o vocalista John Hendriks, o grupo vocal Manhattan Transfer e o saxofonista Wayne Shorter; incursionou até na área do erudito, num CD em duo com o violoncelista Yo-Yo Ma, e assumindo em 1994 a cadeira de criatividade junto à Orquestra de Câmara de Saint Paul; além de gravar "Beverly Hills Blues" com o comediante Robin Williams.

Nas gravações, valendo-se dos recursos da dublagem, Bobby McFerrin se desdobra em múltiplas vozes, tornando-se um verdadeiro homem-orquestra vocal. Já nas apresentações ao vivo, costuma envolver o público em suas interpretações, usando-o em acompanhamentos vocais que ele ensina na hora, confiante na sua crença de que todo mundo tem o potencial de criar música. Quando gravou *The Mozart Sessions* (1996) com o pianista Chick Corea e a Orquestra de Câmara de Saint Paul, McFerrin, discorrendo sobre a atualidade de Mozart, afirmou:

> *Não importa de onde você vem, do clássico ou do jazz, quando você deixa de depender de como lhe mandam tocar, é inevitável: você vai imprimir algo realmente muito forte, do ponto de vista espiritual, à sua música. Se um dia eu for o reitor de uma escola de música, meus estudantes não conseguirão se formar a não ser que estudem improvisação. Vão ter de tocar sem uma partitura à sua frente, só para ter a coragem de tocar uma nota após a outra e ver como ela soa.*

Superando adversidades

O jazz sempre foi uma arte extremamente competitiva. Antes de se lançar aos desafios de apuro musical e destreza técnica com seu instrumento, o jazzista precisa estar fisicamente condicionado, quase como um atleta. Se a *mens sana* não é tão importante aqui – o jazz sempre comportou uma saudável dose de loucura –, o *corpore sano* é essencial. O saxofonista precisa dos dez dedos para acionar suas teclas e chaves; mesmo o aparentemente ocioso polegar direito serve para suportar o instrumento e direcionar os lábios em relação à boquilha e à palheta. Mas, como em todos os setores da atividade humana, o jazz contou com músicos excepcionais que tiveram de superar alguma deficiência de ordem física ou até emocional e mental.

Um exemplo notável foi o baterista Chick Webb, que viveu apenas trinta anos, aprisionado num corpo diminuto e corcunda, o que não o impediu de ser um dos bateristas mais possantes do jazz e de liderar uma grande orquestra que vencia todas as outras nas competições de bandas do Harlem e de revelar a cantora Ella Fitzgerald. "Chick", "galinha", foi um apelido comum para jazzistas corcundas. Outro Chick, menos célebre do que Webb, foi o sax-alto de sobrenome Maures, morto aos 34 anos, que participou de uma única e lendária gravação com Tony Fruscella, considerado por muitos o único trompete mais cool do que Chet Baker. Os problemas de respiração decorrentes da corcunda não impediram Chick Maures de se eternizar nas oito faixas que gravou, pouco mais de 22 minutos de música.

Uma das deficiências mais comuns na cena do jazz foi a cegueira. A perda de um sentido estimula o desenvolvimento dos demais, e isso parece ser particularmente verdadeiro em relação à acuidade sonora dos deficientes visuais. Dentro do humor negro e politicamente incorreto do jazz, há uma série de histórias e anedotas referentes aos músicos cegos. Como na frase ferina, aludindo a uma suposta rivalidade entre os dois músicos, de que "Ray Charles e Stevie Wonder não podem nem se ver...".

Apesar da tragédia que representa a privação do sentido da visão, a irmandade cega do jazz sempre levou a coisa com muito bom humor. Certa vez, em Los Angeles, Art Tatum – que tinha uma parcela mínima de visão – discutia com o cantor cego Al Hibbler seus respectivos méritos automobilísticos. A coisa partiu para um desafio e Tatum colocou-se ao volante e conseguiu dirigir na distância de um quarteirão. Felizmente, as ruas estavam desertas... Em outra ocasião, colocaram o pianista cego George Shearing num carro em Nova York e armaram uma brincadeira. Ao ouvir o som da partida e a voz de Al Hibbler ao volante, Shearing abriu a porta e saltou imediatamente. Lennie Tristano, que perdeu a vista na infância, convenceu seu aluno, o guitarrista Billy Bauer, a ensiná-lo a dirigir. Depois de explicar os macetes de embreagem, acelerador e freios, Bauer deu a partida e serviu de co-piloto a Tristano, que lentamente dirigiu o carro por uma área do subúrbio com pouco trânsito. Bauer comentou depois: "Não era um bom aluno." A acuidade auditiva destes músicos cegos era fantástica. Tatum, sentado num bar, costumava pedir que jogassem moedas de diferentes valores no balcão e as identificava sem erro. O saxofonista Roland Kirk, cego aos 2 anos de idade, era capaz de reconhecer amigos pelo som de seus passos.

As histórias que se seguem mostram como pessoas que possuem a alma voltada para o jazz são capazes de superar as limitações físicas e criar uma música tão ou mais intensa do que o fariam em condições normais.

Django Reinhardt

o guitarrista dos dedos quentes

Jean-Baptiste "Django" Reinhardt (1910-53) foi o primeiro e único músico fora dos Estados Unidos a mudar o curso do jazz. Depois que o ouviram, os guitarristas americanos nunca mais tocaram do mesmo jeito. Nascido na Bélgica, filho de artistas ambulantes, Django cresceu num gueto cigano típico nos arredores de Paris, daqueles em que as pessoas viviam em carroções, ao mesmo tempo moradia e meio de transporte. Começou tocando violino, passou para o violão e iniciou a carreira profissional aos 12 anos tocando banjo com o acordeonista Guérino, um dos músicos mais populares de Paris na época. Aos 17 anos, Django começou a sair com uma jovem. Seguindo a tradição cigana, os dois fugiram e ficaram sumidos durante vários dias, o suficiente para que a tribo considerasse o casamento consumado e partisse para a celebração com alguns dias de festança.

Mas tudo ia mudar para sempre na vida e na carreira de Django na madrugada de Finados de 1928. Ele morava com a mulher, já grávida, numa carroça circense. Chegou tarde do trabalho. A carroça estava cheia de flores artificiais que seriam vendidas no cemitério na manhã seguinte, um investimento do jovem casal para sair do sufoco, mais de mil francos de flores. Django preparava-se para dormir quando ouviu o que parecia ser um camundongo. Pegou a única vela disponível para inspecionar. Ao se debruçar, com a vela já quase no fim, a cera ficou em sua mão e o pavio aceso caiu sobre as flores de celulóide, que pegaram fogo imediatamente. Em instantes a carroça era tomada pelas chamas. Django ficou quase inconsciente, mas, ao cair, pegou um cobertor com a mão esquerda para se proteger. Enquanto os vizinhos gritavam, conseguiu escapar da fornalha, contorcendo-se de dores. A mulher teve melhor sorte e escapou apenas com os cabelos chamuscados. A mão que agarrara o cobertor estava terrivelmente torta e inflamada e Django foi levado às pressas para um hospital público. Quando o despiram, verificaram que o lado direito do seu corpo fora gravemente queimado do joelho até a cintura. Ao ver o estado de sua perna, o cirurgião decidiu pela amputação imediata, mas Django se recusou. Apesar das dores intensas, os ciganos o levaram para uma clínica particular, onde a perna dele foi salva. A conselho do médico, levaram-lhe o violão, e embora cada nota que tocava lhe causasse imenso sofrimento, foi pouco a pouco recuperando o uso da mão esquerda. Na verdade, os dedos anular e mínimo da mão esquerda ficariam deformados e paralisados para sempre. Nessas circunstâncias, a maioria das pessoas teria desistido de seguir uma carreira de violonista, mas desistência não era com Django. Ficou preso à cama durante um ano e meio –, e o sogro arruinou-se garantindo-lhe o melhor tratamento médico. Andou algum tempo com a ajuda de muletas, e, depois de uma segunda operação, quando suas feridas foram queimadas de novo (com nitrato de prata para secar a carne supurada e estimular a cicatrização), voltou a morar numa nova carroça. Ainda tinha dificuldades de locomoção e apoiava-se nos móveis. Levou algum tempo para sentar-se normalmente à mesa e, à custa de muita força de vontade, reaprendeu a caminhar.

Marcante pelo resto da vida, o acidente deixou Django com uma verdadeira fobia de incêndio. Tinha pesadelos horrendos em que os curativos de sua mão pegavam fogo. Ele teve de usar tais curativos na mão esquerda por muito tempo, pois a cicatrização era muito lenta. Com dois dedos a menos, Django desenvolveu toda uma nova gama de técnicas de tocar o violão e, com isso, criou um novo estilo. O trecho de um manual técnico sobre os grandes mestres do violão define bem seu grande feito:

> *Seu ritmo e dedilhado eram devastadores. Literalmente, as cordas do violão deveriam conduzir a caixa acústica, e Django – provavelmente usando cordas muito pesadas – fazia exatamente isso. Tocava com tanta força que gastava um violão a cada seis meses. Os violões que usava, fabricados pela companhia de instrumentos Henri Selmer, famosa também por seus saxofones, eram projetados para proporcionar o maior volume possível e, por isso, os ideais para Django, que tocava em locais barulhentos, sem o auxílio de amplificação.*

O acidente mudou não só a carreira, mas a vida de Django. Afastou-se da mulher e reatou uma amizade de infância com a prima Sophie Ziegler, conhecida como Naguine, apelido que ganhou pela cor viva de suas faces. Com Naguine e o irmão Joseph, também violonista, Django foi tentar a vida na atmosfera mais amena do sul da França. Foi em Toulon que por volta de 1930 ouviu jazz pela primeira vez – e a sensação foi algo equivalente a uma iluminação religiosa. O catalisador dessa experiência foi um artista boêmio típico da geração do entre-guerras,

Emile Savitry, daquela turba de pintores, fotógrafos, poetas e diletantes que passava os dias nos cafés de Montparnasse discutindo até alta madrugada. Savitry tinha feito uma longa viagem aos Mares do Sul e se instalara em Toulon, cidade de sua família, para decidir o que fazer a seguir. Tinha um gramofone, uma quantidade de discos e uma guitarra, que aprendera a tocar com os nativos da Polinésia. Morando num quarto acima do Café des Lions, ouviu uma noite um violão que o impressionou. Foi assim que Savitry conheceu Django e Joseph e os convidou a subir ao seu quarto. Colocou na vitrola discos do violinista Joe Venuti, da orquestra de Duke Ellington, e o trompete dourado de Louis Armstrong. Django apoiou a cabeça entre as mãos e começou a soluçar. "*Ach moune! meu irmão*", repetia sem parar.

Foi a partir daí que Django Reinhardt fez a fabulosa fusão do seu virtuosismo e da sua alma cigana com o jazz americano. Em 1934, ele fundou o lendário Quintette du Hot Club de France com o violinista Stephane Grappelli, e já antes da Segunda Guerra se tornara uma celebridade internacional. Em 1934, a lendária Brick Top, dona do cabaré do mesmo nome em Paris, convocou Django no meio da madrugada para acompanhar o visitante Louis Armstrong, que não tocou trompete, só cantou. Apenas um punhado de pessoas assistiu ao encontro dos dois gigantes do jazz. O saxofonista Coleman Hawkins, também em visita à Europa, improvisou certa vez sobre a canção "Sweet Sue" durante uma hora e meia, estimulado pelo acompanhamento do guitarrista cigano. Vários críticos americanos são unânimes em apontar a influência de Django sobre Charlie Christian, que criou a linguagem da moderna guitarra do jazz. O crítico alemão Werner Burckhardt ousa mais e afirma: "Até os anos 1950, amantes e especialistas do jazz diziam que só havia três gênios nesta área da música: Louis Armstrong, Duke Ellington e Django Reinhardt."

Além de guitarrista, Django deixou composições que entraram para o repertório do jazz, como "Nuages", "Manoir de mes Rêves", "Djangology", "Parfum", e foi imortalizado pelo tema-tributo "Django", de John Lewis, do Modern Jazz Quartet. O crítico americano James Lincoln Collier o aponta como "o guitarrista mais importante na história do jazz e que provavelmente constaria de todas as listas dos maiores jazzistas de todos os tempos". O poeta Jean Cocteau não só retratou Django numa série de desenhos, mas o transformou num dos personagens de sua peça *Les Enfants Terribles*. Entre as várias anedotas que formam sua lenda, está aquela em que Django consegue ser liberado da cadeia ao fazer uma bela serenata para os policiais com seu violão.

No imediato pós-guerra, em 1946, Django visitou a Inglaterra, a Suíça e excursionou pelos Estados Unidos como solista na orquestra de Duke Ellington. Sensível às novas idéias, passou a tocar guitarra elétrica e a abrir os ouvidos para a revolução do bebop, que escancarava as portas do jazz moderno. Por ocasião da sua última gravação, em 1953, conta o baixista Pierre Michelot que Django ouviu discos da banda de Dizzy Gillespie e Charlie Parker, com Bud Powell ao piano.

> *A audácia do bop o deixou sem fôlego. Essa música o atingiu muito fundo e, pouco a pouco, sua maneira de tocar evoluiu, era fácil de ouvir, sem premeditação. Django pegava uma guitarra, a afinava em trinta segundos, pois tinha um ouvido fantástico, e começava a tocar. Depois de aumentar bem o volume do amplificador, ficava imensamente feliz que todos o pudessem ouvir. Era uma vingança contra os anos de frustração, pois mesmo o seu possante som acústico não conseguia romper o barulho de um cabaré. Agora era só girar um botão...*

Django tocou com os melhores músicos de jazz que visitavam a Europa e invadiu também a praia norte-americana. A partir dos anos 1950 deixou finalmente a existência nômade dos hotéis e das carroças, instalando-se numa tranqüila casinha em Samois, às margens do Sena, onde passava os dias pescando, pintando (deixou interessantes óleos sobre tela) e jogando bilhar. Fazia música quando o convocavam para apresentações no rádio ou gravações em Paris. Em março de 1953, fez seus últimos registros, para o selo Barclay, oito faixas em clima de jazz moderno, com pianista, baixista e baterista da nova geração francesa, uma delas um improviso genial sobre a "Aquarela do Brasil". Dois meses depois, sofreu um derrame, numa noite de sábado – o que tornou mais difícil a tarefa de encontrar um médico. Quando este finalmente chegou, Django disse: "E então veio, afinal?" Foram suas últimas palavras. Tinha 43 anos: morria o homem, nascia a lenda. Ecos do estilo de Django são ouvidos até hoje numa quantidade de guitarristas, alguns nascidos depois da sua morte. Existem manuais de guitarra à Django Reinhardt, programados para a falta de dois dedos. Não seria de admirar que fãs contemporâneos (particularmente na área da *Yakusa* japonesa), cortassem dois dedinhos da mão esquerda para tocar parecido com Django. Um manual de guitarra resumiu bem a grandeza deste cigano belga que revolucionou o jazz:

> *É difícil enumerar todas as qualidades do talento de Django Reinhardt. O conteúdo emocional de sua música era tão impressionante quanto sua habilidade técnica. A força de seu vibrato, o toque em oitavas individuais e seu ritmo empolgante inspiraram gerações de guitarristas. Não lia música, diz-se até que não sabia ler nem escrever, mas impressionou profundamente Andrés Segovia, o pai do violão erudito moderno, que o ouviu numa festa. Quando Segovia lhe perguntou onde podia comprar a partitura da música, Django riu e disse que estava apenas improvisando.*

Art Tatum

a lenda do pianista cego

Art Tatum (1910-56) firmou no jazz a tendência do pianista solo. Chegou a tocar com pequenos grupos e formou um trio (piano + baixo + bateria) que foi o precursor dos trios modernos. Mas sua principal contribuição está nas improvisações solitárias – os dez dedos contra as 88 teclas – em que, a partir de matéria-prima banal, criou uma obra incomparável. Tatum nasceu em Toledo, Ohio, com catarata em ambos os olhos. Uma série de operações lhe restauraria parcialmente a visão em apenas um olho. Praticamente cego desde cedo, entregou-se de corpo e alma ao piano, seu veículo de comunicação com o mundo. Dotado de uma técnica impressionante, aos 17 anos tocava numa rádio local de Toledo, mas fez tanto sucesso que o programa passou a ser transmitido em cadeia nacional. No começo dos anos 1930, mudou-se para Nova York, e conquistou a cidade da noite para o dia.

Tatum inspirava um respeito descomunal aos outros músicos. Entre seus admiradores estavam o lendário maestro Arturo Toscanini e seu genro, o pianista clássico Vladimir Horowitz: quando passavam por Nova York nunca perdiam a oportunidade de escutar Tatum. Ao vê-lo tocar pela primeira vez, Horowitz disse, estarrecido: "Não posso acreditar no que estou ouvindo..." Certa noite, Tatum entrou num clube noturno em que Fats Waller estava tocando. Waller imediatamente ficou de pé ao lado do piano e anunciou: "Eu toco piano, mas Deus está nesta sala esta noite..." Tatum, por sua vez, citava Waller como uma de suas principais influências. "Fats", costumava dizer, "é dele que eu venho – e, como ponto de partida, é um lugar e tanto." Não só pianistas, mas outros instrumentistas sofreram o impacto da música de Tatum. O sax-tenor Don Byas comprava todos os seus discos e colocava em partitura os solos do pianista transcritos para o saxofone. Byas admitia abertamente que Tatum fora sua grande universidade de harmonia. Baseando suas improvisações nos blues e nas canções populares americanas, Art Tatum fez um trabalho de garimpo excepcional e construiu um repertório de standards que se prestariam às futuras explorações harmônicas do jazz moderno dos anos 1940-50.

Outra característica de Tatum é a velocidade, mas só a técnica e o virtuosismo não são bastantes para explicar sua arte. Ele aperfeiçoou uma sintaxe própria, cheia de arpejos, volatas e modulações tonais, modificando os acordes das canções como nenhum outro pianista fizera antes, abrindo caminho para a revolução harmônica do bebop. Como salientou o crítico James Lincoln Collier:

> *Em 1933, quando gravou seus primeiros discos, Art Tatum possuía claramente um melhor domínio das possibilidades dos acordes do que qualquer outro músico no jazz e antecipou em muitos anos os recursos harmônicos que os boppers trariam ao jazz.*

Negro, cego, mãos mágicas e um ouvido privilegiado, Tatum foi por muito tempo o Deus do teclado.

Um pianista branco e britânico foi igualmente saudado como Deus no romance de Jack Kerouac sobre a geração *beat*, *On the Road – Pé na estrada*, de 1957. George Shearing, nasceu cego, em Londres, em 1919, começou a estudar piano aos 3 anos, ouviu todos os discos de jazz que teve ao seu alcance e trabalhou em boates e big bands até visitar os Estados Unidos em 1946. Com um quinteto de "jazz de boate" (piano, vibrafone, guitarra, baixo e bateria), literalmente, conquistou a América. Sua composição "Lullaby of Birdland" tornou-se o hino do bebop. Acompanhou uma quantidade de cantoras e cantores, formando uma parceria notável com Mel Tormé, de que resultaram vários discos, muitos gravados ao vivo. A leveza do seu estilo inicial levou a crítica a subestimá-lo, mas Shearing deixou sua marca no cenário do jazz e incursionou ainda pelo erudito, tocando Debussy e Erik Satie.

No pólo oposto do vibrante Shearing, Lennie Tristano (1919-78) foi a introversão personificada. Nasceu durante uma epidemia de sarampo e teve a visão afetada na infância, ficando totalmente cego aos 11 anos. Além de se impor como solista, Tristano foi notável didata e juntou em torno de si um pequeno grupo de discípulos (incluindo os saxofonistas Lee Konitz e Warne Marsh) engajado na sua vertente particular do som cool, fazendo uma leitura sofisticada e complexa de standards, operando uma transfiguração total de temas conhecidos.

Muitos pianistas de jazz costumam tocar de olhos fechados. Por algum tempo achei que Oscar Peterson fosse cego. A lenda do pianista cego – por mais cruel que isso possa parecer – sempre acrescentou certo encanto à figura do músico visualmente deficiente.

Rahsaan Roland Kirk

o poderoso Senhor dos Sopros

Ele nasceu Ronald Kirk (1936-77), mudou o nome para Roland e acrescentou o Rahsaan depois de "uma visitação de espíritos num sonho", que o mandaram adotar aquele nome. Cegado por um acidente aos 2 anos, voltou-se para a música. Aos 9 anos, ao ouvir o corneteiro da colônia de férias onde seus pais eram conselheiros, começou a estudar trompete. Tocou na banda da escola, mas o médico desaconselhou o instrumento, pelo esforço que causava aos olhos. Na Escola Estadual para Cegos de Ohio, Kirk optou pelo saxofone e pela clarineta por volta dos 12 anos. Aos 15, já era conhecido e liderava sua orquestra de dança na região de Columbus.

Um dia, sonhou que tocava vários saxofones simultaneamente. Pouco tempo depois, remexendo na sucata do porão de uma loja de música, ele encontrou dois instrumentos de sopro híbridos, usados em bandas marciais espanholas do século XIX. O strich parecia um sax-soprano grotescamente maior; e o manzello era uma espécie de sax-alto com uma campana acintosamente grande e gorda. Com sua imaginação privilegiada, Roland Kirk encontrou um meio de acoplar mecanicamente o strich e o manzello ao sax-tenor e criou uma técnica de tocar simultaneamente os três instrumentos e solar separadamente nos três, às vezes acrescidos do som de uma espécie de apito ou sirene, que soprava com a narina. Com os três instrumentos que lhe cobriam o peito como uma couraça, óculos escuros e uma cartola amassada, Kirk era uma figura excêntrica e causou grande sensação no mundo do jazz. O risco de parecer apenas uma bizarrice a mais num cenário tão competitivo foi imediatamente superado pela qualidade excepcional de sua música.

Rahsaan era exímio também em outros instrumentos, como as flautas e as clarinetas, a escaleta e híbridos de sua própria criação: um trompete com boquilha de saxofone e uma mistura de saxofone e trombone de vara. Com um apetite sonoro descomunal, cobria estilos que iam do bebop à vanguarda, mas adorava aplicar o virtuosismo dos seus sopros a material mais básico: a música soul de Stevie Wonder e Marvin Gaye, o rhythm & blues, os standards tradicionais de Cole Porter e George Gershwin, os novos standards de Bacharach e dos Beatles e os clássicos do jazz de Duke Ellington, Charles Mingus e John Coltrane, aos quais acrescentou composições próprias, como "The Inflated Tear" e "No Tonic Pres".

Mesmo privado da visão, Roland Kirk tinha outros sentidos para apreender as mudanças culturais e sociais dos anos 1960, e aderiu ao jazz de protesto, um som "engajado" em política e religião, na linha de Coltrane, Pharoah Sanders e Albert Ayler. No início dos anos 1970 liderou o Jazz and People's Movement, tentando abrir espaço para a música negra, interrompendo inúmeras gravações de shows de tevê e rádio para denunciar que os estúdios não contratavam músicos negros.

Viajou pelo mundo com sua banda, a Vibration Society, até sofrer um primeiro derrame, em 1975, que paralisou seu lado direito. Batalhador como sempre, Rahsaan não se entregou e conseguiu reeducar seu corpo para tocar apenas com a mão esquerda, reiniciando suas turnês, até sofrer um segundo derrame, fatal, em 1977. Tinha apenas 41 anos, mas deixou uma rica contribuição, imortalizada em dezenas de álbuns.

Um dos segredos de Roland Kirk era sua capacidade respiratória. Como salientou o crítico Robert Palmer: "A técnica de respiração circular que Kirk usa – suas bochechas expiram e inspiram e ele circula o ar regularmente para dentro e para fora do nariz e dos seus saxofones, produzindo um som contínuo sem ter de pausar para respirar – era razoável e amplamente conhecida por jazzistas mais antigos, mas ele colocou a técnica a serviço da arte. Bechet, Bird, Bud, Billie – Kirk sempre demonstrou notável apego às raízes do jazz negro e grande orgulho por seu legado cultural. A última coisa que fez antes de morrer foi fundar a Vibration School of Music, para ensinar a saxofonistas o que ele chamava de 'música clássica negra', termo que preferia ao 'jazz'."

David Sanborn

o sopro vital do sax

Um dos mais representativos saxofonistas da fusion – a fusão do jazz com o rock –, David William Sanborn nasceu em Tampa, na Flórida, em 1945. Ainda na infância, por problemas respiratórios decorrentes da poliomielite, David passou uma longa temporada atrelado a um pulmão artificial. A escolha da música e do instrumento foi meramente casual: seu médico recomendou-lhe que se exercitasse num saxofone como terapia física. Sanborn não só superou a doença, mas se tornou também um dos mais requisitados saxofonistas, tocando na área do pop (Linda Ronstadt, Burt Bacharach), do rock (Rolling Stones, David Bowie, Paul Simon) e do jazz (Miles Davis, Gil Evans). Com Gil Evans – o grande orquestrador das gravações épicas de Miles Davis –, participou de álbuns históricos, um deles todo dedicado à música de Jimi Hendrix. Diz Evans: "Sanborn tem a técnica, mas também um som emocional, 'o grande grito'." Com o sopro vital que adquiriu para escapar às seqüelas da poliomielite, Sanborn arranca um grito primal do saxofone, sua voz única, pessoal e intransferível:

Eu toco o instrumento por suas qualidades vocais. Saio em busca da melodia e procuro explorar todas as possibilidades do sax – seu calor de madeira e sua mordacidade metálica – por motivos artísticos, em vez de aderir a considerações estilísticas e a um certo padrão de interpretação.

Poucos conhecem os poderes terapêuticos do saxofone. É curioso lembrar que o inventor do instrumento, o belga Adolphe Sax (1814-94), patenteou outros inventos além de uma quantidade de instrumentos musicais. Em 1867, ganhou um prêmio na Exposição Universal por seu aparelho vaporizador de alcatrão, destinado a aliviar as doenças do peito e das vias respiratórias, a combater as febres e epidemias e a purificar o ambiente de hospitais, açougues e matadouros. Sax aplicou este conceito a outro invento, um híbrido: o saxofone-inalador-higiênico, graças ao qual os saxofonistas de brônquios frágeis podiam purificar os pulmões e ao mesmo tempo praticar o instrumento. Nos últimos vinte anos, em Marselha, na França, num dos raros centros médicos do mundo especializados em coma, existem enfermeiros-saxofonistas que recuperam pacientes comatosos usando as notas mágicas do sax para, através da memória sonora, resgatá-los do mundo vegetativo em que estão aprisionados.

Michel Petrucciani

o gênio de ossos de vidro

Como pode um homem com apenas 90 cm e 23 kg se tornar um dos maiores virtuosos do piano de jazz? Uma extensão ligando os pés aos pedais resolveu em parte o problema, mas o que contou mesmo, no caso de Michel Petrucciani (1962-99), foi uma excepcional força de vontade e garra de viver. Ele nasceu com *osteogenesis imperfecta*, uma doença degenerativa também conhecida como "ossos de vidro", que prejudica o crescimento e enfraquece os ossos – ao longo da vida sofreu centenas de fraturas ósseas. Em contrapartida, teve a sorte de nascer numa família de músicos. Ainda menino, tocou bateria com o pai guitarrista, Tony, e os irmãos Philippe, também guitarrista, e Louis, contrabaixista. Filho de italianos da Sicília, Michel cresceu em Montpellier, no sul da França. Em meio às primeiras palavras, já cantarolava solos do guitarrista Wes Montgomery. Aos 4 anos, vendo pela primeira vez Duke Ellington na televisão, apontou para a tela e decretou: "Quero tocar aquilo." No Natal, ganhou um pequeno piano de brinquedo. Imediatamente pegou uma marreta e demoliu o presente. "Quero um de verdade!" Sentindo a firmeza do garoto, o pai – que trabalhava numa base militar da região – levou para casa um piano de armário caindo aos pedaços, abandonado por soldados ingleses, e preparou uma extensão de madeira por meio da qual o minúsculo menino pudesse acionar os pedais. Michel comenta que eram "sujeitos beberrões que derramavam cerveja no teclado, mas o piano tinha um som real". Mais tarde, ele comentou as dificuldades que teve para superar sua deficiência física e dominar o piano: "Quando era criança, eu tinha a impressão de que as teclas pareciam dentes. Era como se rissem de mim. Você precisa ser muito forte para fazer com que o piano se sinta pequeno. Precisei trabalhar muito."

Michel estudou música clássica durante oito anos, mas não demorou a se apaixonar pelo jazz. Gostava de improvisar e queria compor seus próprios temas. Àquela altura, pianistas como Bill Evans, Herbie Hancock, Chick Corea e Keith Jarrett – e um concertista clássico austríaco, Friedrich Gulda – haviam praticamente derrubado as barreiras entre o erudito e o jazz. Sua primeira apresentação profissional, no Festival de Cliousclat, aos 13 anos, lhe valeu a admiração do trompetista Clark Terry, que precisava de um acompanhante e, meio incrédulo, teve de aceitar Michel. Bastou tocar um blues e Clark Terry se rendeu ao seu talento excepcional.

Mesmo adulto, o corpo fragilizado freqüentemente o impedia de caminhar. Era levado até o piano no colo de alguém, valia-se da extensão nos pedais, mas, apesar da doença, possuía uma boa envergadura de braços e mãos e tocava com inusitado entusiasmo e vigor. Lutou contra o preconceito que despertava no público devido à sua estranha figura: um anão que parecia um espetáculo de circo, como uma foca amestrada. Num carinhoso perfil, o crítico Steve Voce escreve:

Não se pode considerar normal a visão de uma meia-lua de rosto espreitando por cima do piano – era o que as platéias viam dele –, e quando a música o empolgava, sua cabeça não parecia mais do que uma maçã balançando no oceano. Era um homem que poderia ceder à doença que o acabou matando. No entanto, triunfou, com a cabeça altiva sobre os ombros, acima dos públicos que o adoravam por sua maneira de tocar.

A etapa seguinte na conquista de Michel foi Paris, aonde chegou com apenas 15 anos. Antes de completar 20 anos, tinha tocado e gravado com jazzistas famosos, formando um duo particularmente especial com o saxofonista Lee Konitz, e foi a grande sensação do Festival de Jazz de Paris de 1980. Estava pronto para incursionar no país do jazz, os Estados Unidos. Com uma carta de recomendação para Charles Lloyd, viajou até o refúgio do saxofonista na Califórnia. Desconhecia que foi Lloyd quem descobriu o pianista Keith Jarrett nos anos 1960. Ao saber que Michel era pianista, Lloyd o instalou no seu Steinway, foi buscar seu sax e tocaram juntos durante dois dias seguidos. Petrucciani mudou-se para a Califórnia em 1982 e passou a integrar o novo quarteto de Charles Lloyd. A aclamação norte-americana veio quando ele se apresentou num concerto de piano solo no Carnegie Recital Hall, no Kool Jazz Festival de 1983, em Nova York. Em 1986, com apenas 21 anos, Michel tornou-se o primeiro músico francês a ser contratado pelo prestigioso selo de jazz Blue Note. Neste mesmo ano, fez um álbum de beleza excepcional, gravado ao vivo no Festival de Montreux, na Suíça, em companhia do guitarrista Jim Hall e do saxofonista Wayne Shorter, *Power of Three*. Ao chegar aos 30 anos, Petrucciani era um nome internacionalmente consagrado e presença obrigatória nos grandes festivais. Homenageou, então, seus dois grandes incentivadores: Duke Ellington, com o álbum *Promenade with Duke*; e o pai, Tony (Antonio), guitarrista, numa turnê em duo chamada *Tal pai, tal filho*.

Com uma carreira plena, sempre superando as adversidades que o confrontavam e apoiando-se na força viva da sua arte, Michel Petrucciani morreu em 1999 de infecção pulmonar – decorrência da sua doença –, no auge da carreira, em Nova York, aos 36 anos de idade. Divorciado da primeira mulher, deixou a companheira Isabelle, um filho e um enteado. Na ocasião estava empenhado na criação de uma escola internacional de jazz em Paris. Pouco antes de morrer, Petrucciani disse:

> *Não acredito em gênios. Acredito em trabalho duro. Desde criança eu sabia o que queria fazer, e trabalhei para isso. Mas ainda tenho muita coisa a fazer. Gravei álbuns e toquei com uma porção de grandes músicos e tenho tempo à minha frente para fazer mais. Minha filosofia de vida é me divertir e nunca deixar que nada me impeça de fazer aquilo que quero. É muito difícil falar de mim mesmo e do que aconteceu, tantos episódios diferentes. No fim, quando tiver 75 anos, vou escrever um livro em meu leito de morte.*

Keith Jarrett

a melodia à noite, com você

"O tesouro sempre esteve lá. Não escondido!
Mas apenas onde certas pessoas iriam procurar."

Das notas de capa do álbum *Treasure Island*

Keith Jarrett nasceu em 1945, ano em que Charlie Parker gravou "Koko", no apogeu do bebop. Cresceu nos anos do rock 'n' roll de Elvis e começou a trabalhar como jazzista nos anos da beatlemania. Filho de escocês/irlandês com húngara, passou por negro durante algum tempo graças à sua cabeleira afro. Ao mesmo tempo, muitos o criticaram de não tocar jazz, mas "música branca".

Menino-prodígio, superdotado para a música, já falava aos 6 meses; aos 2 anos, escutava discos clássicos numa velha vitrola e tentava tocar o que ouvia num piano, "mas também batucava na mesa com talos de aipo". Aos 3 anos, a mãe o levou a um professor de piano; aos 7, ele já elaborava melodias originais e improvisava, exibindo-se em recitais – uma espécie de Mozart da cidade de Allentown, na Pensilvânia. Aos 15, Jarrett iniciou estudos formais de composição e, pouco depois, mudou-se para Boston, com uma bolsa de estudos na Berklee School of Music, uma autêntica "fábrica de jazzistas", a única em todo o mundo. "Eu tinha de pagar minhas despesas pessoais", lembra, "e encarei todo tipo de biscates. Dei sorte tocando em coquetéis."

Keith Jarrett começou sua carreira para valer em 1966, no grupo do saxofonista Charles Lloyd, fazendo suas primeiras gravações e excursionando seis vezes pela Europa. Mas faz uma ponderação: "Na verdade, aprendi mais tocando piano em bares do que depois, com Lloyd." A partir daí, seria uma série ininterrupta de sucessos: a fase do piano elétrico na banda de Miles Davis, uma experiência que Jarrett, defensor da música acústica, considerava passageira; os quartetos "americano", com o saxofonista Dewey Redman, e "europeu", com o saxofonista norueguês Jan Garbarek; a incursão na música erudita, não só como intérprete, mas também como compositor; finalmente, a grande contribuição de Keith Jarrett ao jazz: o recital de piano solo, iniciado com os concertos de Bremen-Lausanne (1973, três LPs), o de Köln/Colônia (1975, dois LPs), os *Sun Bear Concerts*, da temporada japonesa de 1978 (caixa com dez LPs) e, mais recentemente, os CDs *Paris Concert* (1988) e *La Scala* (1995).

O crítico Whitney Balliett, da revista *New Yorker*, conhecido por seu estilo que é uma mistura notável de pop e neobarroco, tentou descrever:

> *Uma apresentação da Jarrett pode refletir e refratar Bill Evans, ragas indianas, Ray Bryant, Stephen Foster, Chopin, Dave Brubeck, Cecil Taylor, Beethoven, Art Tatum, Debussy, Bud Powell, Brahms, os*

blues, Rachmaninov, música gospel, Bach, Horace Silver, Lennie Tristano, flamenco, canções folclóricas, o "Concerto de Varsóvia", McCoy Tyner, o "Bolero" *de Ravel, boogie-woogie e Liszt.'*

Balliett pode até exagerar, mas um pouco de tudo isso se encontra no piano solo de Jarrett – e, é claro, principalmente Jarrett. O próprio pianista explicou que o primeiro desses "transes" pianísticos aconteceu no Festival de Jazz de Heildeberg:

Comecei a tocar canções e de repente a interligá-las de certa forma, com partes de transição que conectavam tudo, e, então, aquilo evoluiu para o concerto solo expandido em que não há mais canções e tudo é improvisado no momento.

Ávido por desafios, Jarrett não se restringiu a esse tipo de apresentação e diversificou seu trabalho. Compôs e gravou peças eruditas, como concertos para oboé, violino, violino e piano, viola; gravou sonatas de Bach e Handel ao cravo em duo com a flauta-doce de Michala Petri; e, a partir de 1985, com o baixista Gary Peacock e o baterista Jack DeJohnette, iniciou a série de apresentações e gravações batizada de *Standards* – um mergulho entusiasmado na improvisação jazzística, centrado não só em temas da canção popular americana mas também em composições originais do próprio jazz.

No auge do sucesso e da criatividade, tendo ultrapassado a marca do meio século de vida, Keith Jarrett foi acometido, em 1996, por uma doença misteriosa chamada Síndrome da Fadiga Crônica (SFC). Interrompeu de repente todo o trabalho e passou a viver em função da enfermidade, tentando encontrar uma maneira de combatê-la. O efeito da SFC foi particularmente devastador sobre Jarrett, que tocava piano desde os 3 anos de idade e era um perfeccionista, preocupando-se com os mínimos detalhes. Em três anos de terapia, sem saber se voltaria a tocar piano e incapaz até de ouvir música, ele passou por uma experiência adversa que lhe traria uma nova maneira de se relacionar com sua arte e com seu instrumento.

> *Eu não pude ouvir música durante dois anos. Quando uma pessoa tem essa doença, ela não pode fazer as coisas de que gosta. Não é como se fosse uma simples dor de cabeça. E é uma coisa terrível para um músico ou apreciador da música. Subitamente, a música não significa absolutamente nada. Lembro de me perguntar, um tanto filosoficamente, e até a outros músicos: "O que é realmente a música? Ou seja, ela é importante? Significa algo?" A doença alterou tudo em relação a como eu sinto a música e como sinto sua importância. Eu nunca chegaria a esta percepção não fosse a doença, estaria ocupado demais em tocar piano.*

No final de 1998, incapacitado de sair à rua, gravou em sua própria casa – equipada com um belo estúdio – uma série de canções como presente de Natal para a mulher. (As canções acabariam saindo em 1999 num CD intitulado *The Melody at Night, With You*.) A tarefa envolveu detalhes técnicos como a escolha e a colocação de microfones e a modificação do próprio piano.

> *Eu tinha um Steinway alemão, meu favorito, eu o preferia aos Steinways americanos. Mas comecei a mudar de idéia e a desgostar do som vítreo do piano alemão. Então, mantive o piano alemão, mas troquei todos os martelos por aqueles usados nos instrumentos americanos.*

Um episódio interessante ocorreu, uma interferência do acaso que seria vital tanto na gravação das músicas como no processo de cura de Jarrett:

> *Eu procurava um microfone especial e telefonei para um homem que vendia microfones e ele perguntou sobre minha saúde e me falou de uma amiga que tinha a mesma doença e encontrara uma terapia que estava dando resultados. Eu liguei para ela e soube que segundo estudos recentes a Síndrome da Fadiga Crônica tinha a ver com patogenia ambiental e uma bactéria parasita. Então liguei para o especialista que ela indicou e o coloquei em contato com meu médico, que ficou assombrado com o conhecimento do homem, e foi assim que iniciei o programa de recuperação. O interessante é que o microfone que eu procurava foi o que usei para* The Melody at Night, With You. *Assim, não só minha doença teve a ver com a música, mas teve algo a ver com minha recuperação.*

O CD reflete plenamente seu título, "a melodia à noite, com você". No caso, "você" não é apenas a mulher, a quem foi dedicado, mas o ouvinte ("sempre existiu uma conversação entre mim e o público durante toda a minha carreira", diz ele). Ao voltar ao piano para gravar essas baladas, Jarrett não tocava havia muito tempo e enfrentava uma situação totalmente nova:

> *Quando pude me sentar ao piano sem estar doente e tocar um pouco, houve um lance de encontrar uma economia de expressão que supera tudo o que eu podia imaginar quando estava com saúde. É difícil descrever. É quase como se a doença tornasse possível lidar com o esqueleto em vez da superfície, apenas o cerne das coisas, porque não havia energia para mais do que aquilo. Eu estava começando do zero e renascendo no teclado.*

Outro ponto interessante passa pela tese de Lester Young de que o instrumentista, quando toca uma canção, deve sempre ter em mente a letra. "Quando comecei a gravar, as canções vieram a mim por causa de suas letras. Ao tocar essas melodias, eu as estava, definitivamente, cantando por dentro." Mas a essência da improvisação do jazz nunca foi tão bem sintetizada quanto nesse depoimento de Keith Jarrett sobre o divórcio dos pais quando ele tinha apenas 11 anos de idade.

> *Acho que aquilo me tornou mais ferozmente enfocado na música. Uma coisa fenomenal no fato de ser músico e, em particular, tocar um instrumento que não precisa de outros instrumentos para ser tocado, como um piano, ou uma guitarra, é que você pode transformar qualquer estado mental ou estado emocional em que você se encontra em música. Aprendi isso muito cedo. Se estava com raiva, ia tocar piano, e não tocaria música raivosa. Tudo é energia, e você pode mudar a direção para onde essas flechas estão apontando. Tem que usar a energia, de certo modo. Esta é a melhor qualidade da música, para quem a toca. É uma maneira de saber quem você é e o que está sentindo.*

Encontrando uma voz

Na selva do jazz, a crítica pode ser fatal. Muitos músicos promissores naufragaram na obscuridade sem preencher o fabuloso potencial da sua arte. Por mais que o jazz encorajasse a diversidade, nem sempre soube aceitar e compreender o diferente e o original. Certas vezes os repeliu até brutalmente, com efeitos traumáticos sobre as vozes discordantes que ousassem se insurgir contra os cânones consagrados. Por isso, devemos sempre enfatizar que o jazz é uma arte de sobreviventes. Sua história seria diferente se os gênios incompreendidos, rejeitados no duro início de carreira, não tivessem demonstrado uma resistência incomum às críticas arrasadoras e uma crença ilimitada naquilo que estavam fazendo. Ofuscado pelo brilho dos Reis do Trompete de Nova Orleans, acompanhando cantoras de blues para garantir seu sustento, Louis Armstrong poderia ter-se perdido na poeira dos tempos sem deixar marcas, não fosse a generosidade e a proteção de King Oliver, que o contratou como segunda corneta em 1922 para tocar num salão de baile negro de Chicago, o Lincoln Gardens. A partir daí, Armstrong encontrou o caminho do sucesso e tornou-se um dos maiores nomes do jazz de todos os tempos.

Criticado por não possuir um som rouco e possante no sax-tenor como o de Coleman Hawkins, Lester Young, apelidado "The Pres(ident)", teve um começo de carreira difícil, com seu sopro fino e delicado, que muitos diziam parecer mais um sax-alto do que um tenor. Entregando-se a um complexo de inferioridade, Lester tentou por algum tempo tocar igual a Hawkins, mas era uma coisa visceralmente contrária à sua natureza. Por fim, com a ajuda de amigos, principalmente da cantora Billie Holiday, resolveu assumir sua própria voz e abriu uma nova vertente estilística para o saxofone, criando o estilo cool, que influenciou toda a nova geração de saxofonistas, em sua maioria brancos. Sobre um deles, Stan Getz, Lester ironizava num trocadilho: "*I play and Stan gets the money.*"/Eu toco e Stan leva a grana. Outro, Brew Moore, criticado por tocar parecido com Lester, esbravejou: "Quem não toca como Lester está *errado*!" Outro discípulo, Paul Quinichette, tocava tão parecido com Pres que ganhou o apelido de "Vice-Pres".

Miles Davis, quando se mudou para Nova York e começou a tocar com seu ídolo, Charlie Parker, aos 19 anos, foi considerado pela maioria dos músicos um trompetista tecnicamente limitado, incapaz de acompanhar a velocidade padrão do bebop instituída por Dizzy Gillespie. Às rajadas de notas dos boppers, Miles favorecia um fraseado mais lento, pontuado por pausas (seus solos foram comparados a parágrafos do escritor Marcel Proust), enfim, uma apropriação do estilo cool de Lester Young para o trompete.

Outro incompreendido foi o trompetista Chet Baker, considerado uma "cópia branca" de Miles Davis. A maior rejeição contra Baker foi quando resolveu se tornar cantor, uma espécie de Sinatra efeminado com sotaque caipira do Oklahoma. Chet não deu ouvidos às críticas e foi em frente, com o seu trompete, e a partir de 1953, com sua voz, passeando livremente pelo rico *songbook* americano de compositores como os Gershwin, Cole Porter, Irving Berlin, Rodgers & Hart e muitos outros, num repertório que mostrava muita afinidade com o de Billie Holiday, sua influência maior (e de Sinatra, também.)

Iniciar uma carreira de sax-alto nos anos 1950, quando reinava soberano o gênio de Charlie Parker, era uma tarefa ingrata. Mas Paul Desmond, a voz principal do quarteto de Dave Brubeck a partir de 1951, superou todas as dificuldades e impôs seu som personalizado único, graças à tenacidade de propósitos e à crença inabalável na sua arte. Já Freddie Green foi um exemplo raro de humildade, um músico que poderia ter sido um grande solista e abdicou do individualismo para se tornar a eterna âncora rítmica da banda de Count Basie e de muitas outras formações, imprimindo uma sutileza harmônica incrível à função rítmica.

E o que dizer de João Gilberto, o baiano de Juazeiro com alma jazzística, que provocou um verdadeiro racha musical? João é adorado ou detestado, com igual ferocidade, em seu próprio país. Assimilando a linguagem cool de Miles, Chet e Desmond, ele partiu para a conquista do mundo com sua voz pequena ("pra que berrar, depois que inventaram o microfone?") e com o toque minimalista do seu violão. Cantando em bom português – ou em bom baianês quando incursiona pelo repertório anglo-americano, italiano ou hispânico –, João Gilberto é um exemplo consumado da capacidade do jazz de transgredir todas as regras possíveis e imagináveis. Um músico que, contra tudo e contra todos, encontrou e soube impor sua própria voz.

Louis Armstrong

o homem que inventou o trompete

Ao amanhecer, caminhando com um amigo ao longo do cais em Nova Orleans, ouvi de repente o som distante de um trompete. Não via nada, a não ser uma barcaça de excursão, que deslizava na neblina rumo ao porto. Depois a melodia ficou mais distinta, embora o barco ainda estivesse longe, mas próximo o suficiente para eu perceber, na proa, um negro de pé contra o vento, o trompete apontado para o ar, soprando as mais belas notas que já ouvi na vida. Era jazz, era aquilo que tanto havia esperado ouvir toda a noite.

Assim o trombonista (branco) Jack Teagarden descreveu a primeira vez que ouviu Louis Armstrong, "descido do céu como um deus".

Quando Armstrong chegou a Chicago, nos anos 1920, as pessoas ficaram assombradas com seu virtuosismo. O trompetista Harry Edison descreve a incredulidade dos outros músicos:

Alguns dos membros da sinfônica achavam que ele tocava um trompete envenenado para conseguir aquelas notas agudas. Certos trompetistas costumavam reduzir o calibre do bocal com goma de mascar para tocar mais agudo, mas não conseguiam tocar as notas mais graves. Armstrong fazia o que queria com seu trompete, tocando bem no agudo e também no grave. Enfim, os músicos da sinfônica [em Columbus, Ohio] foram ao primeiro show no Palace Theater e ele mostrou-lhes seu instrumento e o bocal, e até os deixou tocar seu trompete. Não era o instrumento, mas o homem por trás dele. Eu estava nos bastidores e Louis anunciou que ia tocar "Tiger Rag". *Como parte do público ainda achava que ele tocava um trompete "preparado", ele chamou um trompetista local para soprar no instrumento primeiro. Depois a banda começou e nunca ouvi um homem soprar daquele jeito na minha vida! Atingiu duzentos dós agudos e a platéia os contava enquanto ele passeava pelo palco, terminando com um fá agudo!*

Episódio parecido é contado por Taft Jordan.

Quando Louis chegou a Norfolk, todos os trompetistas da cidade estavam lá. Um deles pediu: "Posso ver seu trompete?" Armstrong concordou e passou-lhe o instrumento. "Posso tocar?", perguntou o outro. "Pode", concordou Armstrong. "Trouxe o seu bocal?" Então, o sujeito colocou o bocal no instrumento de Louis e tocou um dó e depois tocou um dó no seu próprio instrumento. Percorreu as escalas no seu trompete e depois no de Louis. Era tudo igual. Não era um trompete "envenenado". Era apenas o homem que fazia a diferença.

Para encontrar sua própria voz no competitivo mundo do trompete, Louis Armstrong teve de batalhar muito e percorrer um longo caminho. Neto de escravos, filho de um operário e de uma doméstica, viveu os primeiros anos na pobreza e parecia destinado a uma existência anônima e marginalizada. A história de Armstrong sempre esteve cercada de lenda, e ele personificou o jazz como Charlie Chaplin, o cinema, e Picasso, a arte moderna. Espalhou que nasceu em 4 de julho de 1900 – fundindo o aniversário da Independência dos EUA e o início do século XX –, mas a data era incorreta. Mesmo assim, comemorou o falso aniversário de 13 anos dando tiros para o ar com o .38 do padrasto e foi parar num reformatório. Um acontecimento providencial para ele e para o resto do mundo: caiu-lhe nas mãos uma corneta e em pouco tempo ele liderava a banda do reformatório.

No local e na época em que nasceu (Nova Orleans, 1901), o trompete era o rei dos instrumentos. Muito tempo antes, em 1838, o jornal *Picayune* publicava que "existe nesta cidade uma verdadeira mania de tocar corneta e trompete. Não se pode dobrar uma esquina sem que se ouça algum amador tentando, em perfeita agonia, praticar sua devoção ao Deus da Música". Existe uma explicação mitológica para essa importância do trompete. Para muitos negros, o contato com a Bíblia foi uma experiência mitológica, em que a trombeta aparecia como um instrumento sagrado, tocada por anjos que anunciavam o Apocalipse, ou por Josué, que derrubava com seu sopro possante as muralhas de Jericó. O trompete tinha também vantagens práticas: era relativamente barato e um instrumento portátil por excelência, levado para toda parte, e ao mesmo tempo suficientemente forte para se fazer ouvir nos ruidosos bailes, nos piqueniques, em concertos ao ar livre, nas paradas pelas ruas da cidade.

Na infância de Armstrong, o melhor trompetista era aclamado como Rei, não só do instrumento, mas da música, numa cidade em que a música era quase tudo. Havia todo um ritual na cerimônia de aclamação. Uma barcaça chegava pelos canais e o Rei dos Zulus desembarcava no cais de Basin Street. O Rei dos Zulus, encarnado pelo melhor trompetista de Nova Orleans, era o homem mais importante da cidade. A lendária coroa do trompete passou de Buddy Bolden (cujo sopro lendário se ouvia a quilômetros de distância) a Freddie Keppard (dono de uma banda que percorreu os EUA de costa a costa) e a Joe "King" Oliver (o primeiro a modificar o som do instrumento com surdinas rudimentares). Quando Oliver partiu para o norte, em 1918, seu discípulo Armstrong foi aclamado o novo Rei do Trompete. O esvaziamento econômico do sul provocou o grande êxodo dos músicos de Nova Orleans para Chicago, onde havia uma profusão de cabarés patrocinados pelos gângsteres da Lei Seca. Em 1922, Oliver fazia sucesso em Chicago e convocou Louis Armstrong para atuar como segundo trompete de sua banda. Seus fabulosos duetos no Royal Garden Café sacudiram a cidade. Louis lembra: "Não tínhamos nada escrito. A banda tocava e Oliver me dizia o que tocar por cima, '*Wa wa wa wa!*' Eu pegava minhas notas e os músicos que vinham ouvir a gente achavam que aquilo era uma fórmula secreta entre nós dois..."

Em 1923, Louis fazia suas primeiras gravações com o grupo de King Oliver, virtualmente os primeiros discos de jazz por um grupo negro. Em Chicago, ele não conheceu apenas o sucesso numa das melhores orquestras negras da época. Conheceu também a pianista de Oliver, Lil Hardin, que se tornou sua segunda mulher, em 1924. Com uma formação de conservatório, Lil ajudou Armstrong a ler partituras. E foi em Chicago que ele partiu para o que seria a grande virada em sua carreira e um dos capítulos do jazz, que pode ser dividido em duas fases: antes e depois das gravações de Armstrong com os seus Hot Five e Hot Seven. Entre 12 de novembro de 1925 e 12 de dezembro de 1928 – três anos e um mês – ele registrou, com formações variáveis, cerca de sessenta faixas que entrariam para a história. Uma das mais notáveis é "West End Blues", em que, já tendo trocado a corneta (instrumento de bandas de rua) pelo trompete (instrumento erudito, mais brilhante), Louis exibe todo o colorido e toda a riqueza do seu timbre cristalino, armando suas frases com uma lógica inconfundível, jogando com pausas e hesitações, inaugurando o uso do silêncio no jazz. Segundo um músico da época: "Louis diferia dos demais porque era capaz de compor uma seqüência de 32 compassos estruturalmente bem organizada, com todas as frases compatíveis entre si."

Armstrong não só encontrou sua própria voz no trompete, e nos vocais, mas estabeleceu o primado do solista no jazz. Ele mesmo explicava sua estratégia: "No primeiro chorus eu toco a melodia; no segundo, a melodia em torno da melodia; e no terceiro eu simplesmente me divirto!" Depois da grande aventura musical do Hot Five e do Hot Seven, Louis Armstrong se firmou como um dos maiores trompetistas e vocalistas do jazz e liderou várias formações, exibindo-se ao redor do mundo para presidentes e reis e fazendo também a alegria de milhões de comuns mortais e até mesmo de deserdados da sorte que viam na sua música uma luz de esperança. Seu sucesso póstumo, "What a Wonderful World" – que atravessou o milênio –, é um exemplo notável da sua capacidade de exaltar a vida numa canção. Raros músicos de jazz – e não apenas trompetistas – escaparam à influência de Armstrong. Um de seus inúmeros biógrafos, James Lincoln Collier, faz um resumo da sua contribuição:

> *O que torna a arte de Armstrong tão notável? Primeiro, há o seu domínio do instrumento. Seu tom é quente e rico, como o mel, em todos os registros. Seu ataque é um dos mais fortes e claros entre os trompetistas do jazz. Enquanto muitos instrumentistas de metais no*

jazz têm um estilo cheio de ligaduras e efeitos de língua, Armstrong sempre introduz uma nota instantaneamente, afiada como uma lâmina de navalha. Seu vibrato é amplo, mas mais lento do que o vibrato ligeiramente nervoso de King Oliver e dos músicos de Nova Orleans. Embora seu comando do registro agudo não fosse considerado notável nos dias atuais, ele estava bem à frente de seus contemporâneos a esse respeito; na verdade, foi Armstrong quem trouxe o registro agudo para o jazz. Em suma, não existe nenhum outro som no jazz como o de Louis Armstrong.

Lester Young

uma sirene no meio do nevoeiro

Lester Willis Young (1909-59) foi um dos primeiros modernistas do jazz. Nasceu no interior do Mississippi e viveu seus dez primeiros anos em Nova Orleans, na época em que o jazz começava. Era só nove anos mais moço do que Louis Armstrong, mas entre os seus estilos há uma diferença de trinta ou quarenta anos – um abismo, em termos de jazz. Filho de um músico de circo que tocava quase todos os instrumentos e vivia na estrada, Lester passou a acompanhar o pai como baterista, dos dez aos 13 anos. A mãe tocava piano, a irmã saxofone. A puberdade forçou Lester a escolher outro instrumento: "Eu trocava olhares com as garotas depois do show, mas perdia tanto tempo empacotando toda a tralha da bateria que, quando terminava, elas todas já tinham ido embora." Passou a bateria para o irmão mais novo, Lee, e escolheu o saxofone. Era só separar as duas partes do instrumento, colocar no estojo e pronto. Young era um individualista ferrenho e um original nato, lutando – na vida e na arte – contra pressões que o queriam ver aderindo aos padrões estabelecidos. O som oficial do sax-tenor na época era o sopro vigoroso e amanteigado de Coleman Hawkins, cheio de vibrato, uma preferência ditatorial entre músicos, críticos e público, à qual Lester não conseguia se adaptar. Por uma dessas ironias do destino, Hawkins partiu para a Europa e Lester foi convocado para preencher sua vaga na orquestra de Fletcher Henderson, uma das mais famosas big bands de 1934. Todos esperavam que reeditasse o sopro viril de Hawk, o Gavião do sax-tenor. Ele lembra:

> *Leora Henderson [a mulher de Fletcher] me acordava cedo toda manhã e tocava os discos de Hawkins para que eu aprendesse a soprar como ele. Eu queria tocar à minha própria maneira, mas ouvia os discos mesmo assim. Não queria magoá-la.*

Na verdade, tão violentas foram as pressões que Lester começou a duvidar de si mesmo e a recear que não conseguisse sobreviver nadando contra a maré.

A cantora Billie Holiday conta:

> *Essa conversa de que Lester não tinha um tom robusto no tenor o chateou durante meses. Com cada vintém que conseguia, ele comprava mais palhetas e as cortava e aparava com o canivete de todas as maneiras possíveis. Comprou um saxofone novo também. Mas o seu som no sax continuava o mesmo. Aquilo era contra sua natureza, e ele acabou desistindo. Na banda de Count Basie, a rivalidade era terrível entre os dois tenores. Herschel Evans tinha um som encorpado, como o de seu ídolo Hawkins. Certa vez, provocou Lester: "Por que não toca sax-alto, cara? Você tem um som de alto." Lester batia com a mão na cabeça e dizia: "Tenho algumas coisas rolando aqui dentro. Alguns de vocês só têm barriga."*

O próprio Lester explicava a origem do seu estilo:

> *Frankie Trumbauer era meu ídolo. Ele tocava o sax em dó (C-melody), que mais parecia um alto. Por isso é que meu sax-tenor não soava como os outros. O problema com a maioria dos músicos é que são imitadores. É natural que você tenha um modelo, um professor, e aprenda tudo o que ele tem a lhe ensinar. Mas depois você começa a tocar sozinho, mostra a eles que é um indivíduo. Hoje posso contar os individualistas do jazz com os dedos de uma só mão.*

A subserviência obstinada dos saxofonistas ao som de Coleman Hawkins durou muitos anos e foi preciso a fibra de um Lester Young – a autoconfiança e a crença na sua própria "voz" para trazer algo novo ao jazz. A discussão também rolou por muito tempo. Nas palavras de Jo Jones, baterista da orquestra de Count Basie:

> *Hawkins tinha uma sonoridade encorpada e a de Herschel também era assim. Mas o som de Lester era diferente. Era mais leve. Algumas pessoas diziam que ele não tinha uma boa sonoridade, que devia mudá-la. E isso causava muito atrito. Aquelas pessoas nunca pensavam em termos das feições físicas de um indivíduo e como cada um possui características físicas diferentes que os faz tocar do jeito que tocam.*

Lester Young amadureceu seu estilo na época das lendárias batalhas de saxofones e, como aqueles pistoleiros lendários do Velho Oeste, vivia sendo desafiado para duelos, principalmente por tenores da escola do "sopro grosso". Na sua autobiografia, Billie Holiday descreve o confronto entre Lester, "com seu velho saxofone todo remendado com fitas adesivas e elásticos", e Chu Berry, "com um instrumento dourado e reluzente". Todo mundo achava que Chu, com seu som mais vigoroso, iria escorraçar Lester da arena. Mas ele cometeu o erro de sugerir que a banda tocasse "I Got Rhythm", segundo Billie "um filé mignon de Lester, que tocou pelo menos 15 *choruses* maravilhosos, nenhum parecido com o outro, cada qual mais bonito que o anterior. Quando terminou o décimo quinto *chorus*, Chu estava acabado".

Billie e Lester eram colegas na banda de Basie e em Nova York, o saxofonista se instalou na casa da mãe de Billie. A cantora deu-lhe o apelido de "President", depois abreviado para Pres ou Prez – afinal, na hierarquia aristocrática do jazz havia uma inflação de Kings, Counts, Dukes e Earls e Billie argumentou, corretamente, de que o homem mais poderoso da América era Roosevelt, o presidente. Lester retribuiu chamando-a de "Lady Day", e sua mãe de "Duquesa". Diz Billie: "Éramos a Família Real do Harlem." Algumas das melhores gravações de Billie foram feitas com o acompanhamento do sax de Lester, pontuando a interpretação da cantora com sutis vinhetas ou intercalando os vocais com improvisos minimalistas, verdadeiras jóias comprimidas em poucos compassos – como o solo de vinte segundos em "All of Me", que o saxofonista Lee Konitz reproduziu integralmente em seu tributo a Billie, *Strings for Holiday*. Outra obra-prima de Lester é o solo final de 16 segundos em "Sometimes I'm Happy", a partir do qual Lee Konitz criou toda uma nova composição para o seu noneto.

Konitz, que toca sax-alto, resumiu a importância de Lester, citando-o entre as preciosidades do jazz:

> *"O som de Lester nos velhos discos de Basie – um som bonito e real de sax-tenor, um som puro. E para o alto também, um som puro. Quantas pessoas ele influenciou, quantas vidas! Porque ele é, definitivamente, a base de tudo o que aconteceu. E sua abordagem rítmi-*

ca – complexa na sua simplicidade. Como é possível analisá-la? Vamos colar alguns rótulos nela? Chamá-la de "polirrítmica"?

Mas foi Billie, com sua visão iluminada das coisas, quem melhor definiu o estilo de Lester:

Todo mundo tem de ser diferente. Você não pode copiar uma pessoa e fazer algo bom. Se copia, significa que está trabalhando sem nenhum sentimento autêntico. E, sem sentimento, tudo o que fizer dá em nada. Não existem duas pessoas iguais na Terra, e tem de ser assim na música, ou não é música.

Depois de alguns anos de afastamento, Lester e Billie voltaram a se encontrar, num show de televisão chamado *The Sound of Jazz*, em 1957. Ela canta "Fine and Mellow" acompanhada por quatro saxofones, os tenores de Lester Young, Ben Webster e Coleman Hawkins e o barítono de Gerry Mulligan. Doente e debilitado, Lester fica de pé tempo suficiente para um solo magistral. O crítico Nat Hentoff, um dos organizadores do programa, resumiu a atmosfera da memorável ocasião:

Ele soprou o blues mais enxuto e puro que já ouvi. Billie, sorrindo e marcando o ritmo com a cabeça, olhava nos olhos de Prez e ele nos dela. Ela lembrava o passado dos dois com o mais suave dos arrependimentos. O que quer que tivesse alterado sua relação foi esquecido na comunhão da música. Sentado na cabine de controle, senti lágrimas e vi lágrimas nos olhos da maioria que estava ali. O resto do programa foi legal, mas esse havia sido o clímax – a alma empírica do jazz.

Lester morreu pouco tempo depois, em 15 de março de 1959, e Billie, em 17 de julho do mesmo ano, apenas quatro meses depois.

A polarização dos estilos, diametralmente opostos, de Hawkins e Young, tornou-se um tema fetiche para o escritor Luís Fernando Veríssimo, ele mesmo saxofonista. Eis o que dizia em janeiro de 2000, numa crônica em *O Globo*, intitulada "Hawkins e Younk".

> *No universo do jazz, ou no universo mais restrito do saxofone do jazz, ou no universo ainda mais rarefeito do sax-tenor no jazz, existiam duas linhagens, a de Coleman Hawkins e a de Lester Young. (...) Não forçando muito a analogia, você pode descobrir linhagens parecidas – duas correntes-mestras divergentes, ou o cânon e sua divergência principal – em toda parte. Na literatura americana, Hemingway e Fitzgerald e seus filhos estilísticos. Não só maneiras opostas de escrever mas maneiras diferentes de se comprometer com o seu talento e viver sua arte. Na literatura russa, Tolstói e Dostoiévski. Sartre e Camus não seria o mesmo tipo de divisão, mas também foram protótipos contrários.*

Recentemente, em novembro de 2006, Veríssimo voltou ao tema, na crônica "Prolixos e lacônicos". Alude novamente às "genealogias distintas" dos sax-tenores e, claro, Hawkins é o prolixo e Young, o lacônico.

Alguns lampejos do sentimento cool – introvertido, distanciado e contido, mas sempre emocional, quando não no equilíbrio perfeito entre som e silêncio – se fizeram ouvir no trompete de Bix Beiderbecke nos anos 1920. Mas foi Lester Young, sem nenhuma contestação, o criador do idioma cool, com sua maneira relaxada de tocar. Segundo um crítico, seu sopro dava uma sensação tão incrível de relaxamento muscular que ele parecia tocar deitado numa rede. Outro crítico, um francês, inspirado talvez em Baudelaire, comparou o som de Lester a *une sirène sonnant dans le brouillard*, algo como uma sirene, ou sereia, soando em meio à neblina. Houve quem ouvisse um certo toque feminino no som de Lester, e isso tem uma explicação: quando começou a tocar o tenor, foi influenciado por sua irmã, Irma, que também tocava saxofone. O arranjador Bill Russo sintetizou a importância de Lester ao dizer que "o jazz moderno foi 'saxtenorizado', e saxtenorizado segundo os padrões e o lirismo de Lester Young".

O saxofonista Jerry Jerome lembra o choque delicioso de ouvir Lester pela primeira vez:

> *Lester tinha um som como o de uma trompa. Um som abafado que mais parecia de metal do que de palheta. Era magnífico! E o saxofone mais caindo aos pedaços que já vi. Era da marca Pan-American, remendado com elásticos, fitas adesivas, cola e goma de mascar – e ele ficava sentado soprando coisas maravilhosas. Era o meu ídolo.*

Benny Goodman, o rei do Swing, band-leader e um dos maiores clarinetistas do jazz (era também exímio intérprete da clarineta erudita), disse quando viu Lester tocar pela primeira vez: "É o som mais bonito que já ouvi! Mas é assim mesmo que eu toco o tenor...", referindo-se aos tempos que havia tocado saxofone. E, ao ouvir Lester tocar sua clarineta de metal, deu-lhe de presente sua própria, de madeira, achando que extrairia um som mais rico dela.

Na época, exigia-se que os saxofonistas também tocassem clarineta, pois as big bands usavam muitos arranjos que fundiam o som dos dois instrumentos no naipe de palhetas. Lester cristalizou sua concepção da sonoridade cool em breves solos minimalistas na clarineta. Em vez do instrumento convencional de ébano, dava preferência a um modelo metálico, que usou nas famosas gravações de 1938 para o selo Commodore e nas faixas da Columbia em que acompanhava Billie Holiday, atuando mais na faixa dos médios para os graves e conseguindo um "som espectral", que seria encampado pelo modernista Jimmy Giuffre. Quando a clarineta foi roubada "por uma pessoa amiga" – uma mulher, provavelmente –, Lester perdeu a motivação pelo instrumento. Só vinte anos depois, quando um fã europeu lhe deu de presente uma clarineta prateada, ele a usou no primeiro lado de um disco para o produtor Norman Granz, *Laughin' to Keep from Crying*.

O estilo cool de Lester Young, já definido e amadurecido nos anos 1930, levou vinte anos para se impor, mas estabeleceu então uma verdadeira ditadura sonora, banindo o sax roufenho cheio de vibrato e estabelecendo o domínio daquele sax-tenor límpido e metálico. Já nos anos 1940 surgiam os primeiros filhos espirituais de Prez: os negros Paul Quinichette, Wardell Gray, Sonny Stitt, Dexter Gordon e os brancos Stan Getz, Bill Perkins, Zoot Sims, Al Cohn, Richie Kamuca, Warne Marsh, Phil Urso e muitos outros.

A fluidez do seu fraseado, o senso rítmico mais flexível que rompia com a batida mecânica do Swing, a pureza quase clássica do seu timbre e o impressionante relaxamento muscular que imprimia às suas execuções – todas estas características de Young contribuíram para renovar a linguagem do jazz e abrir as portas para o cool, que não era apenas um estilo musical, mas também um estilo de vida. Lester Young foi pioneiro não só na sua arte, mas também na revolução do comportamento, na sua maneira de vestir, no chapéu *pork pie* que se tornou sua marca, no jeito de segurar o instrumento elevado formando um ângulo de 45° com o corpo, no modo de falar, criando uma gíria toda sua, uma linguagem secreta só para iniciados, germe do vocabulário nascente das gerações da contracultura que viriam a seguir. Seu humor irônico também virou lenda no cenário do jazz. Certa vez contratou um baterista, mas não gostou do seu jeito de tocar. Num intervalo do show, o músico, sentindo que não estava agradando, tentou puxar conversa: "Ei, Prez, quando foi a última vez que tocamos juntos?" E Lester respondeu de imediato: "Esta noite!"

Um dos maiores improvisadores de baladas – compondo seu jazz ousado sobre as melodias e acordes aparentemente banais das canções do repertório popular americano, derivado dos musicais da Broadway e dos filmes de Hollywood –, Lester tinha uma curiosa teoria, à qual se apegava de corpo e alma. Segundo ele, para improvisar bem o instrumentista devia conhecer a fundo a letra da canção. Só assim conseguiria extrair o máximo de lirismo do tema. Esta teoria "lestoriana" (sim, existe o adjetivo) é ilustrada de maneira pungente numa cena do filme *Por Volta da Meia-Noite* (1986), em que o saxofonista-ator Dexter Gordon, interpretando o personagem parcialmente inspirado em Lester, sentado com seu sax num meio-fio de Paris no fundo da noite, pede ao amigo francês que cantarole a letra de "Autumn in New York" para que ele possa improvisar sobre o tema. Na vida solitária do músico na estrada, hospedando-se em hotéis a maior parte do tempo, Lester carregava sempre uma vitrola portátil e um punhado de discos de Frank Sinatra, sua maneira de aprender, humildemente, a tornar-se um dos maiores intérpretes de baladas do jazz.

Miles Davis

a revolução permanente do jazz

Quando chegou a Nova York, aos 18 anos, com o trompete na mão em busca do ídolo Charlie Parker, Miles Dewey Davis III (1926-91) era um autêntico "estranho no ninho". Não tocava segundo o estilo oficial do bebop, com escalas vertiginosas, rajadas de notas e efeitos pirotécnicos nos agudos – em suma, não era um velocista como Dizzy Gillespie, que ditava a cartilha do trompete moderno. Miles era lento, alternando notas longas com duas ou três notas curtas e, entre elas, pausas imensas, que mais pareciam hesitações. A maioria dos outros músicos achava que esse estilo intimista, suspenso numa atmosfera mais reflexiva, não passava de um ardil para mascarar a falta de técnica. O próprio Miles esclareceu bem essa questão na sua autobiografia:

> *Lembro de ter tocado com uma surdina naquela gravação para soar menos parecido com Dizzy. Mesmo com a surdina, eu soava como ele. Fiquei furioso, porque queria ter meu próprio som. Ainda*

> *achava que estava próximo de alcançar minha própria voz no trompete. Ansiava por ser autêntico, embora só tivesse 19 anos.*

Dois anos depois, ele comenta:

> *Eu estava ficando mais confiante com meu modo de tocar e desenvolvendo um estilo próprio. Estava me afastando das influências de Dizzy e Freddie Webster. Mas foi tocando toda noite no Three Deuces com Bird e Max Roach que acabei encontrando minha própria voz. Havia sempre músicos dando canja com a banda e nós tínhamos de nos ajustar a estilos diferentes. Bird gostava muito dessa zorra e eu também, às vezes. Mas eu estava mais interessado em aperfeiçoar o som da banda do que tocar com um bando diferente de filhos-da-mãe toda noite.*

O jovem Miles não se deixou abalar com as críticas. Quando se deu conta de que nunca atingiria a velocidade e os agudos de Dizzy Gillespie ("mal conseguia ouvir as notas quando ele voava no registro muito alto"), Miles, inspirado pela concepção do espaço musical de Thelonious Monk, preferiu elaborar um estilo baseado na elegância e na sobriedade. Graças a sua persistência – e confiança em si mesmo e fé naquilo que fazia –, aos 21 anos gravava os primeiros discos em seu nome, com alguns dos principais nomes do bebop, entre eles o genial Charlie Parker.

Outra característica importante de Miles Davis foi a de nunca se fixar no estilo vigente e partir sempre para a descoberta de novos caminhos. Em 1949 e 1950, com a colaboração do pianista e arranjador Gil Evans, ele fez as gravações que depois seriam reunidas no álbum *Birth of the Cool*, com uma formação pouco ortodoxa que fundia instrumentos do jazz e do erudito, como tuba e trompa. Nessa fase, a leveza do seu trompete foi descrita como "o som de um homem caminhando sobre cascas de ovo", e suas frases longas e complexas foram comparadas à prosa do romancista Marcel Proust. O encontro com Gil Evans se deu graças à primeira composição de Miles, "Donna Lee" – baseada na grade harmônica de "Indiana" –, que foi erroneamente creditada a Charlie Parker pela gravadora. Gil entusiasmou-se pelo tema e soube que o autor era o trompetista e não Parker.

Os anos 1950 foram profícuos para Miles. Tornou-se uma das vozes principais de um novo movimento, o hard bop, e em meado da década retomou sua colaboração com Gil Evans, gravando como solista de uma grande orquestra uma série de álbuns que começaria com *Miles Ahead* (1957) e terminaria com *Quiet Nights* (1962), este forrado de temas brasileiros. Miles prosseguiu ainda o trabalho mais intimista, formando o sexteto genial que incluía os saxofonistas John Coltrane (tenor), Cannonball Adderley (alto) e o pianista Bill Evans, e inaugurando o jazz modal, com *Kind of Blue* (1959), considerado um dos dez principais álbuns de jazz de todos os tempos. Depois de incursionar pelo flamenco e pela bossa nova, Miles passaria a segunda metade dos anos 1960 com uma de suas formações mais estáveis, o quinteto com Wayner Shorter (saxofone), Herbie Hancock (piano), Ron Carter (baixo) e Tony Williams (bateria). Antes do término da década, ele embarcava em nova aventura sonora, a fusion – fusão do jazz com o rock –, chocando os fãs tradicionais com uma música barulhenta toda eletrificada. Depois de meia década quase inativo, Miles voltou nos anos 1980, explorando um novo tipo de fusão, do jazz com o pop e o funk.

Temperamento irrequieto, sempre em busca do "novo" – seja lá o que isso signifique –, Miles Davis passou por mais fases em sua música do que Picasso em sua pintura. Quando trocou o som do jazz pela fúria da fusion, Teo Macero, saxofonista e produtor da maioria dos discos de Miles para a Columbia, comentou, abertamente:

> *Se eu fosse apenas músico, diria: "Qual é, Miles, que porcaria é essa? Sabe bem que isso não é música, mas barulho!" Eu diria, mas não penso assim. Olho para essa música como para uma direção criativa nova e preciso encorajar o homem a fazer qualquer coisa de novo, sempre. E ele o faz, agrade ou não às pessoas.*

Não só Miles Davis encontrou sua própria voz – ou suas vozes – como aplicou também ao jazz, de certa forma, a tese trotskista da "revolução permanente", movimento que tinha como lema principal "Acomodar-se jamais!"

Chet Baker

o sopro e a voz do cool

Rosto de querubim, topete à Elvis, olhar rebaixado à James Dean, físico de quem jogou futebol americano na universidade, aparência saudável de garoto que toma seu copo de leite toda manhã, Chesney Henry "Chet" Baker (1929-88) nasceu em Oklahoma, mas ainda criança, mudou-se para a Costa Oeste e cresceu como um típico adolescente da Califórnia. Aos 13 anos já tocava trompete na escola. Recrutado para o Exército, prestou o serviço militar em bandas de música. Dispensado em 1951, começou a apresentar-se profissionalmente na área de Los Angeles. Sua primeira grande oportunidade surgiu no verão de 1952. Ele mesmo conta, no livro *Memórias perdidas*:

> *Um dia cheguei em casa e encontrei um telegrama debaixo da porta. Dizia que Charlie Parker estava selecionando um trompetista para fazer uma temporada com ele na Califórnia. O teste seria naquele mesmo dia, às três horas, no Tiffany Club. Corri até lá, cheguei um pouco atrasado, mas consegui ouvir, do lado de fora, Bird desen-*

> *volvendo um tema com um trompetista. Penetrando na escuridão do clube, pude distinguir a figura de Bird voando nos céus dos blues. Fiquei sentado, por um ou dois minutos, olhando ao redor. Reconheci muitos trompetistas e um monte de gente que descobrira, de algum modo, que Bird estaria lá. Percebi alguém aproximar-se do palco e dizer algo a Bird. Fiquei sem graça e muito nervoso quando ele perguntou pelo microfone se eu estava no clube e se podia subir ao palco e tocar com ele. Passou por cima de todos aqueles caras na fila – alguns muito mais experientes do que eu e capazes de ler qualquer partitura que lhes botassem na frente. Tocamos dois temas: "The Song Is You" e um blues escrito por Bird, "Cheryl", que felizmente eu conhecia. Quando acabamos o tema, Bird anunciou que a audição estava encerrada, agradeceu a presença de todos e comunicou que me escolhera para participar do seu grupo.*

Conviveram alguns meses, Parker como uma espécie de pai, ou irmão mais velho, protegendo o jovem Chet, 22 anos, dos traficantes. "Toque como eu toco, mas não faça o que eu faço", dizia Bird, que morreu como uma espécie de mártir, drogando-se para provar que "as drogas eram uma droga!". Naqueles tempos, drogar-se era uma espécie de distintivo de clube para os músicos de jazz, como beber o era para os grandes escritores (Hammett, Hemingway, Faulkner, Fitzgerald & cia.). Mal deixou Parker, Chet formou com o sax-barítono Gerry Mulligan um quarteto-sem-piano e foi atropelado pela fama com o seu breve, mas conciso, solo de trompete em "My Funny Valentine", gravado em setembro de 1952.

A parceria com Mulligan tornou-se lendária, mas só durou 11 meses. Chet formou então um quarteto-com-piano, com Russ Freeman, e nas primeiras gravações, já em outubro de 1953, teve a ousadia de se lançar como cantor, interpretando um tema do repertório de Frank Sinatra, "I Fall in Love Too Easily". Nesse mesmo ano, numa festa em Hollywood, Baker, tocando os acordes ao piano, cantou o belo tema de Cole Porter "Ev'ry Time We Say Goodye" em dueto com a cantora June Christie, enquanto o marido desta, o saxofonista Bob Cooper, os acompanhava suavemente com o seu tenor. "Soavam como dois anjos cantando", lembra o fotógrafo William Claxton, que ajudou com suas câmeras a construir a imagem de Baker como "ícone do cool". Claxton, Christy e os demais convidados insistiram para que Chet gravasse um disco só de vocais. O que não demorou a acontecer: em 15 de fevereiro de 1954 – um dia depois do Valentine's Day, Dia dos Namorados nos EUA – Chet gravava "My Funny Valentine" e outros sete standards que fariam parte do LP de dez polegadas *Chet Baker Sings*.

Na verdade, o fascínio de Chet pelo canto vinha da infância, quando acompanhava os cantores que ouvia no rádio de casa. Sua mãe, Vera, adorava sua voz, embora ainda soasse aguda como a de um menino de coro. Começou a arrastar o filho para concursos de calouros infantis, em que competia com sapateadores, acordeonistas novatos e cantores à moda tirolesa. A própria Vera escolhia o repertório: canções de amor um tanto maduras para um garoto de 12 anos. A saxofonista Diane Vavra, companheira de Baker nos seus últimos anos, comentou: "Talvez houvesse algum componente edipiano na coisa, porque sua mãe lhe ensinava todas aquelas letras fortemente erotizadas." Anos depois, Baker queixou-se a um pianista amigo que aquilo o incomodava, muitas crianças caçoavam dele e diziam que soava como uma menina. Mas isso não o impediu de atirar-se de corpo e alma à carreira de cantor, aos 24 anos, para o resto da vida.

No início, sua voz juvenil e afeminada foi muito criticada: alguns depreciaram sua afinação instável, sua voz "pequena", as vogais caipiras (*thuh* por *the*, *wull* por *well*), o recurso de respirar entre as palavras. Mas sua interpretação transmitia um sentimento tão intenso de fragilidade e inocência que acabou superando todas as críticas. Chet não tinha vergonha de cantar como uma Billie Holiday, assumindo seu lado feminino – a sua *anima*, no jargão junguiano da época. O álbum *Chet Baker Sings* em pouco tempo chegou ao Brasil e exerceu um papel fundamental nos anos de formação da bossa nova. Suas entonações vocais e ao trompete ensinaram muito aos jovens da classe média que tentavam criar uma linguagem musical mais em sintonia com a vida urbana que levavam. João Gilberto não só criou um estilo vocal a partir de Chet Baker, como venceu sua timidez e conquistou a jovem Astrud, convidando-a para duetos vocais com Chet na vitrola cantando "There Will Never Be Another You".

Quando Chet veio ao Brasil pela primeira e única vez – para apresentar-se no primeiro Free Jazz Festival, em 1985 –, tive a oportunidade rara de conversar com ele à beira da piscina do Hotel Nacional durante quase uma hora. Na verdade, não foi bem uma conversa. Eu tentava arrancar declarações definitivas e Chet, pausadamente, olhava para o passado em câmara lenta, cansado, o rosto vincado de rugas, a boca e os dentes desfigurados por uma surra que levou de traficantes ainda nos anos 1960, um fantasma do belo jovem que fora comparado a James Dean e chegara até a fazer filmes em Hollywood e na Itália. Mas, dentro daquele corpo precário, que já namorava com a morte, eu senti uma alma íntegra como poucas. Chet foi generoso com sua música, gravou muitos discos de graça em clubes noturnos, às vezes sem saber que estava sendo gravado, outras vezes em troca do pico da hora, simplesmente porque fazer música era, mais do que sua grande paixão, sua própria razão de ser. Totalmente desapegado dos bens materiais, morando em hotéis – adorando apenas carros velozes –, foi talvez o mais autêntico dos *beats*, muito mais do que intelectuais emocionalmente travados como Jack Kerouac e Allen Ginsberg. Chet Baker ofereceu ao mundo – ainda oferece –, ao lado de Billie Holiday, Charlie Parker, Lester Young e John Coltrane, nesses tempos de aridez espiritual, um legado de rara beleza e liberdade.

Paul Desmond

cristalino como um dry martini

Branco e franzino, com óculos de intelectual, Paul Desmond parecia tudo, menos um músico de jazz. E sofria ainda a maldição de tocar sax-alto, instrumento que tinha um dono absoluto nos anos 1950: Charlie Parker – improvisador lendário que todos tentavam imitar e ninguém conseguia. Mas, com seu jeito cool de ser e tocar, Desmond acabou encontrando sua própria voz no saxofone, de certa forma também original e inigualável. Ele nasceu Paul Emil Breitenfeld, em São Francisco, em 1924, filho de judeu e irlandesa. O pai, organista e arranjador, tocou em cinemas na época dos filmes mudos e em *vaudeville*. Paul começou a estudar clarineta no colégio e em pouco tempo "tocava solos inteiros de Artie Shaw".

O próprio Paul descreve o encontro musical que mudou sua vida:

> *Na tarde em que conheci Dave Brubeck, no começo de 1944, eu estava numa banda do Exército em São Francisco e ele a caminho da Europa como fuzileiro. Acabou formando sua própria banda, fazen-*

> *do turnê pela Alemanha com o grupo de dança The Rockettes e, no fim, dormindo na cama do general nazista Herman Goering (que, é bom esclarecer, não estava presente na ocasião). Depois da guerra, Dave e eu nos encontrávamos ocasionalmente em algum pequeno grupo. Éramos radicais demais para manter um emprego fixo. Eu ainda guinchava a palheta a maior parte do tempo nos agudos do sax-alto e Dave parecia tocar Bartok com a mão direita e Milhaud com a esquerda. Juntos, podíamos esvaziar qualquer clube noturno em poucos minutos sem que ninguém tivesse gritado "Incêndio!".*

Esse estilo de se expressar – com um humor sutil que lembra Woody Allen – trai o escritor em Paul Breitenfeld. Era o que ele queria ser. Curioso que, tempos depois, freqüentando o Elaine's – QG da *Intelligentsia* nova-iorquina –, verificou que todos os grandes escritores sonhavam em ser músico de jazz (entre eles o próprio Woody Allen, que tocava uma razoável clarineta dixieland). Escolheu o codinome Desmond folheando ao acaso um catálogo telefônico e partiu para a luta. Ficou 17 anos com o quarteto de Dave Brubeck (sax/piano/baixo/bateria) e compôs o maior sucesso do grupo, "Take Five", o primeiro disco de jazz – e o primeiro disco instrumental – a vender mais de 1 milhão de cópias. Com sua ironia costumeira, explicava que a idéia de "Take Five" lhe foi inspirada por um caça-níquel num cassino de Reno: "O ritmo da máquina me sugeriu o tema. E, além do mais, eu precisava dar algum jeito de recuperar o dinheiro perdido naquele caça-níquel. O jeito foi 'Take Five'..." A composição, no compasso 5/4, foi uma demonstração da impressionante capacidade que Desmond tinha de suingar nos ritmos mais estranhos ao jazz, como a valsa, a bossa nova e as músicas orientais. Às vezes, Paul oferecia outra explicação para "Take Five". Fumante compulsivo, dizia que concebeu o tema para que durante o longo solo de bateria tivesse tempo de dar umas tragadas.

Pouco antes de morrer (de câncer do pulmão, em 1977), Paul escreveu um livro sobre sua vida no quarteto de Dave Brubeck. O título bem-humorado, *How Many of You Are There in the Quartet?*, referia-se à pergunta que invariavelmente as aeromoças faziam aos membros do grupo em turnê: "E quantos são vocês no quarteto?..."

Certa vez um desses pedantes críticos de jazz (99% o são...) perguntou a Paul onde ele se encaixava, entre a abordagem vertical, ou harmônica, e a abordagem horizontal, ou melódica, e ele respondeu: "Pode me colocar na abordagem diagonal..." Modestamente, Desmond assim se descrevia:

> *Sou o saxofonista do quarteto de Dave Brubeck. Vocês podem me distinguir porque, quando não estou tocando – o que acontece com surpreendente freqüência –, fico encostado no piano.*

Brincadeiras à parte, Paul Desmond trabalhou sério para encontrar sua própria voz num cenário cheio do que os jazzistas costumavam chamar de *copycats*, "imitadores baratos". Mesmo admitindo a influência inicial de Charlie Parker, partiu para outro lance, um timbre suave e cristalino, próximo da concepção erudita: um som cool, mas sem abrir mão do suingue, que sempre foi a alma do jazz. Certa vez o guitarrista Jim Hall levou para casa umas fitas que tinha gravado com Desmond e as ouviu em rotação mais lenta, só por curiosidade: Desmond soava incrivelmente parecido com Lester Young, o sax-tenor que fundou o estilo cool. Avesso a guinchos, arquejos e sussurros de palhetas e ruídos de teclas (os sons fisiológicos subjacentes do instrumento), Paul sempre tocou longe do microfone, emitindo um som limpo e claro, direto da campana do sax. E, definindo seu som inconfundível, dizia, em tom de blague: "Acho que sempre quis soar como um martíni seco..."

Freddie Green

o marca-passo humano

Frederick William Greene, mais conhecido como Freddie Green (1911-87) podia ter sido um dos maiores solistas da guitarra no jazz, mas o destino assim não quis – o que não o impediu de ser o maior guitarrista rítmico na história do jazz. *Tchum-tchum-tchum-tchum*, era ele a batida regular, o coração da orquestra, o pulso infalível que fez da banda de Count Basie uma verdadeira máquina de suingue. Foram cinqüenta anos de *tchum-tchum-tchum-tchum*, desde que entrou na orquestra de Basie, em 1937, até sua morte, cinqüenta anos depois. Uma arte minimalista e subestimada, que só músicos e ouvintes com alma de músico seriam capazes de apreciar. "Está tudo ali, no seu pulso", disse o trombonista Dennis Wilson, "como se a Bíblia tivesse decretado 'No princípio era o ritmo'." Count Basie costumava se referir a Freddie Green como "minha mão esquerda". O trompetista Buck Clayton dizia que "Basie nunca tocou muito com a mão esquerda e Freddie preencheu esse papel". O filho adotivo de Basie foi mais longe: "Ninguém falava nada, porque só papai falava, mas todo mundo sabia que a posição de Freddie era de igual importância à de papai."

Uma importância tão grande que conspirou contra a carreira de solista de Freddie. Ao ingressar na banda, ele passou a integrar o que se chamou a "All-American Rhythm Section" – a melhor seção rítmica da América, integrada por ele na guitarra rítmica, Basie ao piano, Walter Page ao contrabaixo e Jo Jones na bateria. O trompetista Harry Edison deu a explicação definitiva por que Freddie Green não conseguiu se tornar um grande improvisador:

> *Freddie poderia ter sido um excelente solista, e era bom nisso quando começou a moda dos guitarristas também fazerem solos. Um dia, muniu-se de um amplificador, mas sempre que se destacava da banda para fazer o seu solo toda a seção rítmica se desintegrava. Chegou ao ponto em que tínhamos de tomar uma atitude. Então, uma noite, eu tirava a tomada do amplificador de Freddie e a coisa não funcionava. Na noite seguinte, o saxofonista Herschel Evans cortava um fio e o amplificador ficava mudo. Na noite seguinte, Pres escondia a tomada. Tínhamos um grupo na banda chamado de Os Vigilantes. Sem Freddie na guitarra rítmica, a banda perdia totalmente o suingue. Finalmente, arrancamos as entranhas do amplificador. Freddie aprontou-se para solar uma noite e não havia nada ali, apenas a caixa oca. Ficou tão furioso que sentenciou: "Vão todos para o Inferno. Eu não solo nunca mais!" Para alegria geral.*

Autêntico marca-passo da orquestra de Basie, Freddie não era uma máquina repetidora. Um colega guitarrista descreveu seu segredo: "Ele procurava não se repetir durante quatro ou oito batidas. Seguia sempre em movimento. Mudava e apoiava um belo tema com força e com um corpo de acordes." John Lewis, pianista do Modern Jazz Quartet, dissecou o papel de Green:

Freddie desenvolve pequenas frases melódicas quando acompanha alguém, e você precisa ouvir atentamente ou não as notará. É o mesmo que faço, mas é mais difícil, porque ele tem a obrigação de manter aquelas quatro batidas. A maioria dos guitarristas fica sem idéias quando acorrentada a essas regras rígidas. Ele, nunca.

Freddie compôs também alguns temas imortais do *book* da orquestra de Basie, como "Down for Double", "Corner Pocket" e "Right On". A identificação de Green com o som de Basie foi tamanha que outros artistas, em gravações que evocavam Basie, recorreram à sua guitarra, como os grupos vocais Lambert, Hendricks & Ross e Manhattan Transfer. Um episódio sintomático ocorreu em 1950, quando Basie, por questões de economia, teve de desfazer a orquestra e formar um grupo menor, um sexteto. Muita gente ficou surpresa ao ver Green excluído, mas uma guitarra rítmica seria um luxo num conjunto pequeno. Green interpelou Basie: "Eu lhe dei os melhores anos de minha vida e agora vai me deixar na mão?" O sexteto tornou-se septeto e, um ano depois, Basie refez a big band e Freddie continuou por mais 35 anos.

Com a morte de Basie, em 1984, a orquestra continuou, no ano seguinte, sob a direção do trompetista Thad Jones. E ele declarou: "Não acho possível falar da banda de Basie sem Freddie Green. É o elo que mantém a tradição viva. É o decano, no qual buscamos a força espiritual." A guitarra Gretsch continuou por mais três anos pousada num ângulo de 45 graus sobre as pernas cruzadas de Freddie Green, *tchum-tchum-tchum-tchum*, até que o coração do genial guitarrista deixou de bater, em 1987, meio século depois de ter iniciado sua fascinante odisséia musical na orquestra de Count Basie.

João Gilberto

o mestre zen do bim-bom

Uma canção é feita de som e de silêncio, e João Gilberto sabe equilibrar os dois como ninguém. Lembra o famoso *koan* zen que J. D. Salinger usou como epígrafe das suas *Nove histórias*:

> *Conhecemos o som de duas mãos batendo palmas. Mas qual é o som de uma só mão batendo palmas?*

Em mestre João o evento vale tanto quanto o não-evento. Explico melhor: na noite de 1° de julho de 1988, uma sexta-feira, estava eu – e o *tout Rio* – no Teatro Municipal do Rio de Janeiro para assistir a um não-evento, um perfeito factóide – e João, mais do que qualquer outro, foi não só o inventor dos factóides, como seu recordista. O cantor havia assinado contrato para se apresentar aquela noite mas, ao longo da semana, começaram a correr rumores de que, no seu melhor estilo, faria *forfait*. Apesar das incertezas, a produtora do espetáculo, com o sugestivo nome de Hummingbird (Colibri), encabeçada por uma doce criatura até no nome, Lúcia Sweet, fez questão de montar um cenário à altura do acontecimento – uma suave mistura da *féerie* tropical dos musicais da Metro com altar Hare Krishna, incensos e palmeirinhas. Uma sofisticada platéia, paramentada nas melhores grifes, entregava-se aos tititis nos saguões dourados do Municipal. Às 21 horas um locutor anunciou em voz dramática que haveria meia hora de tolerância para que João Gilberto se apresentasse. A essa altura, já rolava uma disputa legal: na manhã daquela sexta-feira, os advogados de João, devidamente municiados de um laudo médico, anunciavam que seu constituinte, presa de uma forte gripe, estava sem condições de cantar.

Um rápido flashback para um quase-não-evento, a Noite Brasileira no Festival de Jazz de Montreux em 1985, que também tive o privilégio de presenciar. Os monstros sagrados da bossa nova – João Gilberto e Tom Jobim – dividiam o cartaz. Jobim com sua banda familiar, que incluía os Jobim, os Caymmi e os Morelenbaum; João sozinho, com banquinho e violão. O único problema – e deixou malucos os suíços organizadores do evento – era decidir quem "abriria" e quem "fecharia" o programa. Emissários parlamentavam de camarim a camarim. A platéia começou a irritar-se e um violonista que ia passando foi convocado para tocar durante meia hora a fim de acalmar os ânimos, enquanto os cobras prolongavam sua queda-de-braço. Acabou que João fez pé firme e ficou com o "horário nobre", embora isso significasse pisar no palco já bem depois da meia-noite. Foram quase duas horas numa de suas apresentações mais puras e intimistas.

João é famoso por suas esquisitices e sua reclusão. Uma história resume a ópera: certa vez, trancado em seu apartamento em Nova York, recebeu o telefonema preocupado de uma amiga. A essa altura João já voltara a falar (um parêntese, aqui: assolado por temores de que estava perdendo a voz, consultou um foniatra no Rio que o aconselhou a falar o mínimo possível, e João passou a responder ao telefone com um código de pancadinhas todo seu: uma batida, sim; duas batidas, não; três batidas, vou pensar). Pediu à amiga um baralho. Meia hora depois, ela bateu à sua porta: "João, eu trouxe o baralho." Ele pediu: "Passe por baixo da porta." Ela retrucou: "Mas, João, não passa." E o cantor: "Passa sim, carta por carta..."

O João de Montreux desmentia todo esse folclore. Altamente profissional, compareceu ao palco na tarde antes da apresentação e fez uma checagem de som rigorosíssima. Acompanhado por sua namorada na época – uma psicoterapeuta portuguesa –, sentiu que o sistema de som da sala, destinado a grupos de jazz voltados para a fusão roqueira, iria implodir sua bossa. Escolheu então um tipo de microfone supersensível, de aparência retrô, adequado ao seu canto e violão, que filtrava até mesmo a interferência do possante sistema de refrigeração. Quando chegou finalmente seu momento de glória, subiu ao palco vestido modestamente: paletó *pied-de-poule* em tons marrons, camisa pólo branca, jeans e um tênis surrado dos anos 1950, tipo *keds*. Sentou-se calmamente no banquinho, o violão no colo e dois cartazes no chão de cada lado, com o nome das canções que iria interpretar escritos em letras garrafais. Todos podem sentir as vibrações daquela noite no CD duplo *João Gilberto Live at the 19th Montreux Jazz Festival*, ao todo quase 75 minutos de magia em que um homem, munido apenas da voz e do violão, monopoliza a atenção de uma platéia de 2 mil pessoas.

Para encontrar sua voz, João Gilberto passou por um longo e árduo processo de amadurecimento, na vida e na arte. Vale conhecer um pouco de sua história. Nascido em Juazeiro, na Bahia, em 1931, João Gilberto do Prado Pereira de Oliveira baixava no Rio de Janeiro em 1950 num Electra da Panair. Ele vinha para integrar o grupo vocal Garotos da Lua, numa época em que, para sobreviver como crooner, era preciso ter um vozeirão. João inspirou-se inicialmente nos estilos de

Orlando Silva (a tradição) e Lúcio Alves (o novo). Ainda não tinha a menor idéia do que iria ser o "estilo João Gilberto".

Temperamento sonhador, por ignorar o relógio João perdeu o posto no Garotos da Lua e um emprego na Câmara Federal, conseguido por pistolão de um tio deputado: não aparecia nem para pendurar o paletó no começo do expediente e ir buscá-lo no final da tarde, golpe clássico dos "barnabés" apadrinhados. Passou por dois relacionamentos, com cantoras iniciantes: Sylvinha Telles e Mariza Gata Mansa (casaria depois com outra cantora, Astrud). Viveu de favor em apartamentos de amigos, enquanto o aturavam: Tijuca, Bairro de Fátima, Copacabana; depois, sete meses em Porto Alegre, na casa de um amigo; e por fim foi parar na casa da sua irmã em Diamantina, Minas Gerais, já totalmente pirado. Acyr Bastos Mello, companheiro do Garotos da Lua, detalha: "João foi demitido do grupo e passou a andar como um maluco: cabelos compridos, roupas esquisitas, parecia um hippie. Até que os pais resolveram mandá-lo para Minas, para a casa de uma irmã."

João Gilberto passaria oito meses na cidade natal de JK (que acabara de ser eleito presidente da República), sem sair à rua, o dia inteiro de pijama, violão sempre na mão. À noite tocava e cantava baixinho ao pé do berço da sobrinha recém-nascida. Em seu retiro nas montanhas das Gerais, João experimentou sua iluminação musico-espiritual. Após um breve degredo em Juazeiro – com direito a internação psiquiátrica –, voltou ao Rio, desta vez pronto para vencer. Para espanto geral, revelou-se outro João, cantando baixo e com uma batida de violão revolucionária. Dizia que baseava sua voz na trompa, o instrumento mais afinado que conhecia. Foi esse João Gilberto renovado que gravou, em 10 de julho de 1958, "Chega de saudade", considerado o marco inicial da bossa nova, que o projetaria como um dos cantores mais originais de sua época.

João Gilberto – apesar do sucesso internacional – nunca foi unanimidade no Brasil. Não é fácil de entender e gostar. Ouvidos insensíveis o acusam de não ter voz. Pois é nisso que reside todo o segredo da sua arte: um cantor sem voz, ou com uma voz suave (afinal, a invenção do microfone acabou com os berrantes), sutilmente projetada, trabalhada nas mínimas nuanças. Não importa se João canta em português, inglês, castelhano, italiano, francês – é sempre o mesmo gilbertês com aquela ponta de sotaque baiano-carioca arretado. Convidem o João para cantar algumas páginas do catálogo telefônico – vou estar ouvindo na primeira fila...*

*Pensei que estava sendo original ao escrever essa frase. Li depois que Miles Davis disse certa vez de João: "Gilberto seria capaz de fazer um som maravilhoso apenas lendo um jornal."

Agilizando a mente

Improvisar soluções na música é uma coisa. Improvisar soluções na vida é outra, bem mais complicada. A agilidade do pensamento é um verdadeiro dom e alguns jazzistas se deram muito bem nessa arte. Tive o privilégio raro de presenciar alguns desses momentos notáveis. Morando em Paris e Londres na primeira metade dos anos 1960, assisti a vários concertos da orquestra de Duke Ellington – que já àquela altura deveria ser tombada como patrimônio cultural da humanidade. As apresentações londrinas de Ellington – às vezes no modernoso Royal Festival Hall, plantado às margens do Tâmisa, outras vezes em velhas salas de cinema, mastodontes como o Odeon (ex-Gaumont) Hammersmith e o New Victoria Theater – tinham sempre sala cheia e fãs fiéis que não deixavam Ellington ir embora, pedindo bis após bis. Mas o maestro, esperto como poucos e sempre antenado com as tradições locais, valia-se de um expediente infalível. Ao término dos espetáculos na Grã-Bretanha – concertos, peças de teatro e até filmes –, era costume encerrar a noite com o hino em homenagem à rainha. O velho Duke, encurralado pelos fãs, fazia uso deste recurso extremo e, a um aceno de sua mão, seu fabuloso naipe de saxofones embarcava no

"God Save the Queen": os metódicos britânicos, num reflexo condicionado, imediatamente se levantavam, colocavam a mão sobre o peito e, encerrado o hino, deixavam disciplinadamente a sala. Em algumas ocasiões, Duke usou também a "Marselhesa" para despachar os ardorosos fãs franceses para suas casas.

Em muitos momentos, durante a improvisação sobre determinado tema, os jazzistas recorrem a uma citação de outra canção, apropriada para o momento. Por exemplo, quando o saxofonista Dexter Gordon enxerta num solo sobre "Softly as In a Morning Sunrise" uma frase da "Manhã de carnaval", que tem tudo a ver com a atmosfera matutina do tema. Aliás, estas citações sempre deram uma boa medida do humor do jazz, como no clássico final de "Black and Tan Fantasy", de Ellington, com os acordes lúgubres da "Marcha fúnebre" de Chopin, um autêntico clássico afro-polonês-americano. Charlie Parker, com seu arsenal de citações-clichê, que iam do jurássico solo de clarineta de Alphonse Picou em "High Society" a "You Are Taboo", da "Carmen" de Bizet, ou ao movimento "On the Trail", da Suíte do Grand Canyon, de Ferde Grofé. Ou quando um Coleman Hawkins "entregava" a fonte de "In Walked Bud", de Thelonious Monk, tocando a melodia de "Blue Skies", de Irving Berlin, em cuja grade harmônica o tema de Monk se baseava. Ou, em "Lover Come Back to Me", transformado num tema "original" do bop intitulado "Bean and the Boys".

Se a agilidade mental conta pontos na hora da interpretação jazzística, ela é fundamental, também, para a sobrevivência dos músicos em situações de dificuldade ou conflito. Essas pequenas histórias, que envolvem um pianista famoso e seu parceiro letrista, uma das maiores cantoras de blues de todos os tempos e um compositor judeu de alma negra, são altamente reveladoras do quanto o jazz é capaz em matéria de inteligência e esperteza na hora de improvisar soluções.

Fats Waller

um gordo com jogo de cintura

Pianista, organista, cantor e compositor, Thomas Wright "Fats" Waller (1904-43) viveu pouco, mas viveu bem. Da religião, aproveitou o melhor: a música. O pai era pastor batista no Harlem e aos 10 anos Fats acompanhava os serviços ao órgão e dava concertos de piano na escola. Aos 15 anos, tornou-se o organista no Lincoln Theatre, "pilotando" o grande órgão Wurlitzer durante a projeção de filmes mudos. Um ano depois, ganhou um concurso de jovens talentos tocando um *ragtime* do pianista James P. Johnson, seu protetor. Por essa época, gravou seus primeiros rolos de pianola, cerca de vinte, a 100 dólares cada. Ainda adolescente no início da década de 1920, batizada de A Era do Jazz, Waller celebrizou-se não só como intérprete, mas como um compositor veloz e prolífico. Fez sucesso também no *vaudeville* com dois musicais famosos, e antes do final da década, mudava-se do gueto negro do Harlem para a seletiva área de Long Island, onde instalou um órgão Hammond em casa. Com fama internacional, Waller excursionou pela Europa nos anos 1930, aparecendo nas primeiras transmissões experimentais de televisão em Londres e tornando-se o único músico de jazz da história a tocar o órgão da catedral de Notre Dame de Paris. (Seu relato do episódio é típico: "Primeiro Monsieur Dupré [o organista da catedral] tocou a 'Caixa de Deus' e depois eu sentei-me e também toquei a 'Caixa de Deus'.") Amigos diziam que "o órgão é seu instrumento do coração e o piano do seu estômago". E o estômago de Fats era insaciável. Correm histórias de que, às vezes, ingeria de uma sentada vinte hambúrgueres, ou quatro ou cinco filés, ou frangos inteiros, com tortas e sorvetes de sobremesa, tudo regado a muito uísque.

Fats tinha um apetite descomunal pela vida, fiel ao seu lema "*Living the life I love*", "Vivendo a vida que eu amo". Ficava dias acordado em jam sessions movidas a álcool e depois passava dias inteiros na cama, nem sempre sozinho. O apelido não era à toa: com toda essa comilança, seu peso oscilava entre os 130 e os 140 quilos. Certa vez, comeu nove hambúrgueres gigantes de uma enfiada e, sem dinheiro para pagar, passou a conta para um músico amigo que o acompanhava. Fats não demorou a pagar a dívida, compondo nove canções, que o amigo registrou como de sua autoria. Foi assim que clássicos da canção americana como "On the Sunny Side of the Street" e "I Can't Give You Anything But Love", criações de Waller, entraram para a história como composições de outros autores.

Em 1943, foi a Hollywood participar do filme *Stormy Weather/ Tempestade de Ritmos*, que incluiu uma versão da sua famosa canção "Ain't Misbehavin". Voltando de trem para Nova York, a bordo do famoso expresso Santa Fe Chief, Fats Waller morreu de pneumonia.

Tinha 39 anos, intensamente vividos. Além da música maravilhosa que legou para o mundo, deixou admiráveis lições de generosidade e, principalmente, de agilidade mental. Eis alguns exemplos:

♪ Era lendária a velocidade com que Fats Waller escrevia canções de alta qualidade. Certa manhã acordou com um tema na cabeça e em pouquíssimo tempo compôs "Jitterbug Waltz", o primeiro tema de jazz em ritmo de valsa. Conta seu filho Maurice:

Recordo em particular uma manhã de domingo. Papai levantou-se e desceu as escadas até o órgão Hammond que tínhamos em casa. Eu tinha 13 anos. Chamou-me para ouvir uma nova idéia e em cerca de dez minutos a canção estava pronta. Era "Jitterbug Waltz".

♪ Quando o dinheiro acabava, Fats sabia "correr atrás", literalmente. E o mesmo talento tinha seu parceiro letrista, Andy Razaf. (Seu verdadeiro nome era Andrea Menentania Razafinkeriefo, sobrinho da rainha Rànavàlona III de Madagascar e neto do cônsul madagascarense nos Estados Unidos.) A fórmula era simples: Waller e Razaf pegavam um táxi no Harlem e seguiam para o Brill Building, no coração da Broadway, entre as ruas 49 e 50, uma espécie de colmeia onde se alojavam as principais editoras musicais dos Estados Unidos. Nos dez ou 15 minutos do trajeto no táxi, eles esboçavam uma composição, rabiscada a lápis numa folha de partitura ou, à falta desta, até mesmo num papel de embrulho. Conta Maurice, o filho de Fats:

Naqueles dias, muitos editores pagavam aos compositores um adiantamento, mas "se esqueciam" de pagar direitos autorais. Andy e papai sabiam disso e desenvolveram sua própria contra-estratégia. Os dois invadiam o Brill Building e faziam a ronda. Chegavam a um editor e papai tocava e Andy cantava. A canção era comprada por entre 25 a 50 dólares. Então tocavam uma segunda versão da canção a um editor rival e isso poderia resultar numa venda, também. Passavam o resto do dia indo de editor em editor, vendendo a mesma canção repetidamente.

Justiça seja feita, segundo muitos comentaristas, Waller e Razaf nunca vendiam a mesma canção duas vezes: seu talento era tanto que, a partir de uma "matriz", conseguiam criar infinitas versões, por mais sutis que fossem as modificações, e sempre com uma letra diferente escrita pelo versátil Razafinkeriefo...

♪ O temperamento boêmio de Fats Waller, às vezes, inquietava os companheiros. O guitarrista Eddie Condon certa vez ficou responsável por garantir a presença de Fats com uma banda num estúdio de gravação ao meio-dia. O cachê foi pago adiantadamente e Condon começou a se preocupar quando sentiu Waller fazer corpo mole. "Gravação? Daqui a quatro dias? Ao meio-dia? Tudo bem, meu irmão. Senta aí e toma um pouco deste uísque." Condon perguntou: "Depois que a gente juntar uma banda, o que é que vamos tocar?" E Fats: "Ora, vamos tocar música..." Às dez e meia da manhã aprazada Eddie encontrou Fats no hotel, acordando com uma ressaca homérica. "Meio-dia no estúdio?", perguntou Fats, bocejando. "Tudo bem, me arranja uns níqueis aí para eu dar uns telefonemas e convocar o pessoal." Em cima da hora, Fats encheu um táxi de músicos e a caminho do estúdio cantarolou um ritmo básico e uma melodia, um blues que os músicos memorizaram e então explicou o que cada um devia fazer. Dois lados de um disco de 78 rotações foram gravados com sucesso. O executivo da gravadora exultou: "Precisamos fazer mais gravações como esta. É um excelente exemplo da sabedoria do planejamento e da preparação." Depois disso, a gravadora, com toda a sua preocupação por planejamento e preparação, lançou o disco pelo selo Victor, com os títulos trocados: *Harlem Fuss* foi chamado de *Minor Drag* e *Minor Drag* foi chamado de *Harlem Fuss*...

𝅘𝅥𝅮 Gravações marcadas para o meio-dia eram um pesadelo para Fats. Uma destas aconteceu na viagem de 1938 a Londres. Recorda W. T. Ed. Kirkeby, empresário de Fats:

> *Eu o tirei da cama numa boa hora, ele estava sentindo os efeitos de uma longa noitada. "Cara, traga meus ham'n'eggs líquidos." Era como se referia aos quatro dedos de uísque com que começava o dia. Uma segunda dose e Fats estava pronto. Mas não se achava num dos melhores dias para aquela música de dedilhado rápido que o caracterizava. Sugeri algo mais meditativo, a* London Suite *que ele tinha na cabeça, um projeto mais ambicioso. Fats quase não havia pisado nas ruas de Londres, nada conhecia da cidade. Eu lhe descrevi locais marcantes como Chelsea, Soho, Piccadilly, Bond Street, Whitechapel e Limehouse. Em menos de uma hora, totalmente de improviso, ele tinha gravado uma verdadeira obra-prima!*

𝅘𝅥𝅮 Nos tempos de Fats Waller, o músico de jazz vivia em risco permanente, ameaçado ora pela polícia, ora pelos bandidos. Certa vez, Fats foi tocar numa festa em homenagem a Duke Ellington num porão do Harlem. Travava um verdadeiro duelo de teclados com Willie "The Lion" Smith quando a polícia chegou, atendendo às reclamações da vizinhança contra o barulho da festa. Ao ouvir os apitos da polícia, The Lion correu pela porta dos fundos e trepou numa árvore, escondendo-se nos galhos mais baixos. Enquanto ouvia os sons da perseguição policial, escutou uma voz vinda de um galho acima: "Que foi, meu irmão? Um touro bravo está atrás de você?" The Lion não podia imaginar como um gigante do porte de Fats conseguira sair antes pela porta dos fundos e instalar-se num galho bem acima do seu.

- Em 1925, Waller tocava piano no Hotel Sherman em Chicago quando notou um grupo de sujeitos mal-encarados na platéia. Quando se levantou para um "lanchinho", um deles enfiou o cano de um revólver na sua pança e o obrigou a entrar num carro. Foi levado para o que parecia um elegante *saloon*. Era o quartel-general de Al Capone e os rapazes tinham levado Fats Waller para tocar numa festa surpresa de aniversário para o gângster. Apavorado, Fats começou a tocar um tanto frio, mas, ao sentir a reação entusiasta de Capone e seus asseclas, esquentou o tempo. Capone o manteve em clausura artística durante três dias, enfiando notas de 100 dólares no seu bolso a cada canção tocada e depois o repatriou para Chicago vários milhares de dólares mais rico.

- Fazendo uma temporada em Washington, D.C., parado no beco dos fundos do teatro durante o intervalo, Fats foi acostado por um garoto que pediu para entrar e ver o show. Teve uma idéia na hora. Disse ao garoto que ele e os amigos do seu bairro podiam ir ao espetáculo de graça na quinta-feira seguinte. No dia marcado, um bando de adolescentes apareceu na porta do camarim. Fats os fez entrar e mandou seu valete comprar um monte de doces para eles. Quando o gerente do teatro reclamou da quantidade de "convidados", Waller ameaçou tirar a banda de cena. A garotada encheu a platéia, tomando o lugar de muitos pagantes. Fats caprichou no espetáculo e os meninos voltaram felizes para casa. Infeliz ficou o gerente do teatro, mas só por um dia. Na noite seguinte, e nas subseqüentes, os pais, mães, avós, tios e tias da garotada que ouviu Fats de graça pagaram um bom dinheiro para ver se ele era tão bom como os meninos diziam.

Bessie Smith

uma diva cheia de truques

Um dia um sujeito chegou para Bessie e, procurando provocá-la, perguntou se tinha troco para uma nota de mil. Bessie disse: "Tenho, sim." Ergueu a frente da saia e lá estava um avental de carpinteiro do qual puxou um maço de notas trocadas. Aquele era seu banco.

A história, contada por Louis Armstrong, mostra a personalidade da garota pobre do Tennessee que, aos 20 anos de idade, vendia 800 mil cópias de um disco e era proclamada Imperatriz do Blues.

Elizabeth "Bessie" Smith nasceu em 1894 no gueto negro de Chattanooga, um dos sete filhos de um pastor batista. O irmão mais velho morreu antes de Bessie nascer; o pai, pouco depois; e a mãe, quando Bessie tinha 8 anos. A irmã mais velha, Viola – a quem um estranho de passagem pela cidade "presenteara" com um bebê –, teve de cuidar do que sobrou da família num barraco de um só quarto em que os ratos eram mais numerosos do que os Smiths. Aos 9 anos, Bessie já cantava nas esquinas em troca de vinténs. Ganhou 8 dólares num concurso de calouros, que gastou num par de patins – desde cedo, gastar dinheiro era com ela. Também havia adquirido algumas noções de como cultivar sua própria lenda e espalhou que tinha ganho os patins no campeonato estadual. Bessie passou num teste e ingressou numa trupe itinerante. Era 1912, tinha 18 anos e o porte de uma rainha africana: alta, corpulenta, a pele de ébano – negra demais para aqueles tempos de racismo explícito.

Cansada da vida na estrada, Bessie resolveu, cinco anos depois, sossegar. Cantava num cabaré de Filadélfia quando foi descoberta por um caça-talentos, também músico, Clarence Williams, que a levou para a gravadora Columbia. Seu primeiro disco, *Down Hearted Blues*, gravado em fevereiro, só foi para as lojas em 7 de junho, data que ela marcou para seu casamento com Jack Gee, um vigia noturno que sonhava em entrar para a polícia, mas nunca passaria de "o marido de Bessie Smith". Ao longo de dez anos, Bessie gravou 180 canções, todas nos estúdios da Columbia em Nova York, das quais sobreviveram 160. Foram as vendas colossais dos seus discos nos anos 1920 que salvaram a empresa da falência. Antes de assinar com a Columbia, Bessie fez testes para a Black Swan, mas foi demitida no meio da primeira gravação, que ela interrompeu, dizendo: "Agüenta aí, pessoal, que eu preciso cuspir!" Meses depois, quando os discos de Bessie na Columbia começavam a vender, a Black Swan foi à falência.

Em uma de suas primeiras gravações já no novo sistema elétrico, a Columbia quis inovar e reuniu uma equipe de seis músicos e engenheiros de som. Um dos engenheiros de som achou que o estúdio era grande demais para o microfone de carbono e sugeriu alterar a acústica com uma tenda cônica feita de pano de batina, grande o suficiente para cobrir Bessie, os músicos, os engenheiros e o produtor. O equipamento de gravação pendia do teto preso a um fio. Dois minutos depois da segunda *take* de "Yellow Dog Blues", a tenda caiu, em meio a uma grande confusão. Enquanto todos se debatiam para sair de debaixo do pesado pano, a Imperatriz inaugurou o que se tornaria sua expressão favorita: "*I ain't never* heard *of such shit!*", algo como "Nunca *vi* uma merda tão grande!".

A vida de Bessie era igual às suas canções. Uma delas, composta por seu pianista, era seu hino de guerra: "Tain't Nobody's Bizness If I Do", [Não é da conta de ninguém o que eu faço], que dizia, entre outras coisas: "Se me dá a idéia/ de pular no oceano/ não é da conta de ninguém./ Se vou à igreja aos domingos/ e ao cabaré toda segunda/ não é da conta de ninguém."

Em pouco tempo, Bessie ganhava o que queria. Em 1925 os jornais a chamavam de "*The Greatest and Highest Paid Salaried Race Star in the World*" [A maior e mais bem paga estrela de cor do mundo]. Ganhava 2 mil dólares por semana em shows nas grandes cidades e na Columbia recebia 200 dólares por canção gravada, mais do que muitos astros brancos. Jack Gee, o marido, tornou-se uma espécie de empresário, mas quem mandava em tudo era Bessie. Jack havia investido na carreira da mulher: empenhara seu uniforme e o relógio de vigia noturno para comprar o vestido que Bessie usou em suas primeiras gravações. Comenta a sobrinha de Bessie, Ruby Walker:

> *Bessie deixava Jack acreditar que ele comandava o espetáculo. Bessie comprou para Jack tudo o que ele possuía: ternos caros, um relógio de ouro, até um Cadillac. E sempre dava muito dinheiro a ele. Acreditem, ela pagou de volta aquele vestido um milhão de vezes.*

Apesar de todo o nome, Bessie e sua companhia ainda eram vítimas do racismo, particularmente nos estados do sul dos EUA. Ela não demorou a improvisar uma solução para acabar de vez com o problema. Passou a excursionar de trem com sua trupe num vagão ferroviário exclusivo. Comprou um vagão de dois andares e 30 m de comprimento, construído sob encomenda pela Southern Iron and Equipment Company de Atlanta e pintado em cores vivas. Parecia um luxo, mas na verdade era a maneira mais prática de evitar a discriminação nos hotéis e o desconforto nas pequenas cidades. Equipado com cozinha, banheiros, água quente e fria, oferecia amplo espaço para todos relaxarem e, em ocasiões especiais, festejarem. Quando excursionava pela zona rural, Bessie chegava a uma cidadezinha, estacionava o vagão, erguia uma lona de circo nas proximidades e montava ela mesma o palco para seus espetáculos, que atraíam multidões.

Certa vez, num estado do sul, com a lona cheia, um músico saiu para tomar um pouco de ar. Pegou em flagrante um bando de membros da Ku Klux Klan, com suas batas e capuzes alvíssimos ao luar. Os racistas tinham começado a arrancar as estacas que sustentavam a lona do circo de Bessie. Avisada, ela interrompeu o espetáculo e convocou seus parrudos seguranças. Quando viram as sinistras figuras da KKK, os rapazes deram para trás. Bessie encarou os invasores e com as mãos nos quadris berrou: "Que porra estão fazendo aqui? Peguem os seus lençóis e saiam já daqui senão vou mandar todo o pessoal lá dentro da lona partir pra cima de vocês!" Surpresos e intimidados, os racistas de capuzes brancos se afastaram correndo, sob uma chuva de palavrões da zangada Bessie, que ainda aproveitou para dar uma bronca nos seus peões: "Vocês não passam de um bando de maricas." E voltou ao palco para cantar, como se tivesse acabado de resolver um pequeno problema de rotina.

Dois episódios, ocorridos em níveis sociais diametralmente opostos, dão uma boa idéia do temperamento de Bessie. Em 1925, de volta à sua Chattanooga natal, já consagrada, Bessie iniciou uma temporada no Liberty Theater com casa lotada. Depois, de todos os convites que recebeu para comemorar a estréia, ela escolheu uma *pigfoot party* – equivalente ao nosso pagode de samba – na casa de um velho amigo num bairro distante e perigoso. Chegando ao local, que recendia a comida, bebida, fumo e suor, ao som de um pianista de blues que tentava romper a cortina de conversa e gargalhadas numa sala cheia, Bessie berrou: "*The funk is flying!*" (Algo como "A zorra está rolando!" e reparem no uso pioneiro da palavra *funk*, hoje tão comum nas periferias de todo o mundo.) No calor da festa, um penetra atacou uma das garotas da trupe de Bessie e foi rechaçado pela cantora com um direto no queixo. O agressor fugiu, mas ficou à espreita numa esquina escura. Alta madrugada, quando Bessie voltava para o hotel, o homem enfiou-lhe uma faca nas costas. Com a faca cravada no corpo, Bessie ainda correu alguns quarteirões atrás do agressor. Quando uma das meninas retirou a faca, o sangue, segundo testemunhas, esguichou alguns metros. O médico recomendou a Bessie três dias de repouso absoluto. Tudo isso aconteceu às quatro da manhã. Às duas da tarde, Bessie cantava os seus blues, inigualável, na matinê do Liberty. E com o seu incrível senso de marketing, passou para os jornais uma história bem diferente, acrescentando glamour à sua figura, posando como vítima de um roubo "provocado por sua ostentação de diamantes e gemas preciosas".

Três anos depois, em abril de 1928, em Nova York, Bessie causaria uma forte impressão em Carl Van Vechten, jovem e rico jornalista que descobrira a cultura negra e se tornara um de seus principais divulgadores. O *beautiful people* dos anos 1920, entediado com as convenções do seu pequeno mundo, buscava no jazz e na dança negra uma novidade, uma fuga e até um modo de aplacar sua consciência culpada. Foi a primeira manifestação *radical chic* do século XX, a chamada Renascença Negra. O interesse de Van Vechten pela música negra era autêntico, ele até mantinha no Harlem um apartamento todo decorado em preto e luzes vermelhas. Mas a recepção que ofereceu a Bessie aconteceu em território branco, no apartamento de Carl, na rua 55 Oeste. O salão de Van Vechten e sua mulher, a ex-bailarina russa Fania Marinoff, era seleto e famoso. Naquela noite estavam lá celebridades como o compositor George Gershwin, a dançarina Adele Astaire (irmã de Fred), a diva Marguerite d'Alvarez e a atriz Constance Collier. Bessie chegou com a sobrinha Ruby Walker e o pianista Porter Grainger, que promovera o encontro. Achava que contatos como este ajudariam a carreira de Bessie. Mas a Imperatriz era uma personalidade difícil. Entregou à sobrinha seu casaco de pele de arminho branco. Ruby vestia um casaco de mink emprestado por Bessie e grande demais para ela. Sob o peso dos dois casacos, tropeçou e quase caiu no salão. Carl Van Vechten ofereceu um drinque: "Que tal um martíni bem seco?" Bessie retrucou: "Sei lá de martínis, secos ou molhados. Me dá mesmo um gim, cara!" Não havia muito o que conversar. Grainger sentou-se logo ao piano e Bessie começou a cantar os seus blues. A cada intervalo ela estendia o copo e Van Vechten o enchia imediatamente. Depois de umas seis ou sete canções, o pianista sentiu que era hora de bater em retirada. Falou a Ruby: "Vamos tirar ela daqui antes que mostre o rabo!" À saída, Fania Marinoff tentou ser cortês: "Senhorita Smith, não vai sair sem me dar um beijo de despedida..." Bessie repeliu o abraço da anfitriã com um empurrão que mandou a frágil bailarina ao chão e gritou: "Me largue, nunca vi *merda* tão grande!" Mas a arte de Bessie superou todo o vexame. Carl Van Vechten lembrou a ocasião assim:

> *Estou seguro de que ninguém presente àquela noite jamais esquecerá. Não era uma atriz. Nem uma imitadora da tragédia femi-*

nina. Não havia fingimento algum. Era a verdade: uma mulher rasgando o seu coração com uma faca e mostrando a todos nós – fazendo com que sofrêssemos o que ela sofria. Para mim, foi a maior atuação de Bessie Smith.

Grandes músicos de jazz selaram a lenda de Bessie, como Louis Armstrong:

Bessie Smith me emocionava sempre – a maneira como fraseava uma nota com aquele toque especial na voz que nenhuma outra cantora tinha. Ela possuía música em sua alma e sentia tudo o que fazia. Sua sinceridade em relação à música foi uma inspiração para todos nós.

Mas o tributo mais eloqüente vem de um depoimento do pianista de jazz Art Hodes:

Lá está ela. Resplandecente é a única palavra capaz de descrevê-la. Claro, não é bonita – mas para mim é. Com um vestido de noite branco e brilhante, uma mulher de grande porte, ela domina o palco de toda casa quando canta "Yellow Dog Blues". Ela agarra a gente. Não há como explicar seu canto, sua voz. Não usa microfone, nem precisa. Canta caminhando lentamente em volta do palco. A cabeça pende um pouco. Não consigo ver direito se está de olhos abertos. A cada número, o mesmo silêncio, a grande interpretação, o aplauso ensurdecedor. Ninguém a deixa sair. Que mulher!

Dona de mil truques para sobreviver como mulher e negra numa sociedade hostil, Bessie Smith soube deixar sua marca na cultura do nosso tempo com toda a magia da sua voz e inteligência do seu ser.

George Gershwin

o gênio da "Rapsódia azul"

George Gershwin não era músico de jazz – seus pais eram judeus russos –, mas absorveu como poucos a *blue note* e a injetou generosamente em suas músicas, tanto na área da canção popular quanto na sinfônica, que marcou com uma das composições mais representativas do século XX, a "Rhapsody in Blue". Essa obra-prima foi de certa forma arrancada à força do jovem compositor. George tinha 25 anos e jogava bilhar tranqüilamente num salão da Broadway, em Nova York, quando o irmão Ira, excitado, lhe mostrou uma notícia publicada num jornal do dia 4 de janeiro de 1924. Dizia que George Gershwin estava trabalhando numa peça musical de jazz com solista e orquestra para um concerto importante no Aeolian Hall na noite de 24 de fevereiro – ou seja, dali a um mês e vinte dias. Quem bancava o evento era o famoso band-leader Paul Whiteman, branco como o sobrenome, que se havia auto-intitulado O Rei do Jazz. Durante o evento, um grupo que incluía eruditos como o pianista e compositor Serguei Rachmaninoff e o violinista Jascha Heifetz, discutiria o tema "O que é a música americana".

George encarou o irmão Ira com um olhar firme, largou o taco sobre a mesa e partiu para casa, decidido a mergulhar no trabalho. Escreveu ao alto da partitura: "Rhapsody in Blue, for jazz-band and piano", assinou seu nome e apôs a data de 7 de janeiro. Mas Gershwin ainda estava às voltas com os retoques finais do musical *Sweet Little Devil* e teve de ir a Boston para a pré-estréia. Foi na viagem de trem que lhe vieram à cabeça os primeiros esboços da "Rhapsody":

> *Foi no trem, com seus ritmos de aço, seus barulhos estrepitosos e sempre tão estimulantes para um compositor. Sempre ouço música no meio de muito barulho. E ali, de repente, ouvi – e até mesmo vi no papel – a estrutura completa da rapsódia, do início ao fim. Nenhum tema novo me ocorreu, mas trabalhei no material temático que já tinha na cabeça e tentei conceber a composição como um todo. Eu a ouvi como uma espécie de caleidoscópio musical da América – da nossa grande mistura de raças, da nossa energia nacional única, dos nossos blues, da nossa loucura metropolitana. Quando cheguei a Boston, tinha um esquema definido da peça, não muito diferente da sua forma atual.*

Trabalhando num surrado piano de armário no quarto dos fundos do apartamento dos pais, na avenida Amsterdã com a rua 110, Gershwin começou a compor à velocidade limite, esgotando suas forças físicas e mentais. Esquematizou a peça numa versão para dois pianos, o primeiro representando a parte solista, o segundo a orquestra. Foi aí que entrou a colaboração providencial de Ferde Grofé, o orquestrador assalariado da orquestra de Paul Whiteman, ele mesmo um compositor de recursos (assinaria depois a famosa "Suíte do Grand Canyon"). Grofé ia ao apartamento da avenida Amsterdã todo dia para pegar páginas da partitura e trocar idéias sobre a orquestração com George. Era recebido calorosamente e tinha o prazer de degustar o chá russo do samovar dos Gershwin. Grofé tinha a vantagem de conhecer bem os dons de virtuoso dos músicos da orquestra de Whiteman e os aproveitou ao máximo. Gershwin fez sua parte do trabalho em três semanas (teria terminado em 25 de janeiro). Grofé levou dez dias para orquestrar "Rhapsody in Blue": a partitura original registra a data 4 de fevereiro de 1924, vinte dias antes da data marcada para o concerto.

A "Rapsódia azul" agarra o ouvinte desde as primeiras notas graças ao lamento inicial da clarineta em glissando, em que as notas ascendem deslizando do grave ao agudo. Gershwin havia escrito uma seqüência ascendente de 17 notas sem nenhuma indicação de glissando e, segundo Grofé, o clarinetista Ross Gorman tocou nos ensaios "no rigor da partitura". Mas, para animar as fatigantes repetições da peça, Gorman por brincadeira executou os compassos da abertura com um notável glissando, prolongando as notas e impregnando-as com um toque de jazz e de humor. Gershwin, com a agilidade mental de sempre, acolheu com entusiasmo o acaso e pediu a Gorman que executasse no concerto os compassos da abertura daquela maneira, e acrescentasse o máximo possível de lamento às notas agudas na seqüência da clarineta. Relata Charles Schwartz na sua biografia de Gershwin:

> *(...) Gorman surpreendeu a platéia com seu lamento na abertura. Esse toque pungente, jazzístico, instrumental, porém com um som que lembrava a voz humana, inquestionavelmente abriu caminho para o sucesso esmagador da "Rhapsody". Desde a apresentação de Whiteman no Aeolian Hall, o glissando da clarineta tornou-se uma característica e uma expectativa da "Rhapsody" e sempre é tocado dessa maneira; os clarinetistas de todo o mundo, até mesmo aqueles com pouca ou nenhuma experiência jazzística, tocam o tre-*

> *cho com esse lamento. O efeito do glissando, além do mais, é agora* sempre *anotado nas partituras orquestrais publicadas.*

Desde a primeira apresentação, "Rhapsody in Blue" foi um sucesso estrondoso. Nos dez anos que se seguiram, rendeu a Gershwin mais de 250 mil dólares em direitos de execução, gravação, publicação, utilização no cinema e outros direitos subsidiários.

Charles Schwartz resume tudo ao dizer que

> *Com a "Rhapsody" a música americana alcançou a maioridade na sala de concerto. Ela colaborou no estabelecimento da música americana como artigo viável e preparou o caminho para a maior aceitação de trabalhos de outros compositores americanos que vieram depois de Gershwin.*

Gershwin aprofundou seu trabalho erudito – no mais autêntico idioma norte-americano, impregnado de blues – com a ópera *Porgy and Bess*, o concerto e os prelúdios para piano e o poema sinfônico *An American in Paris*, exuberante painel tonal que atingiria em cheio o grande público por meio do filme-balé *Sinfonia de Paris*. Mas George, quase sempre com o irmão Ira como letrista, escreveu mais de uma centena de incomparáveis standards do cancioneiro americano, a maioria derivada dos seus musicais para a Broadway – muitos deles com a temática quase obsessiva do amor: "The Man I Love", "Our Love Is Here to Stay", "Love Walked In", "Somebody Loves Me", "He Loves and She Loves".

Um dos debates imorredouros da canção americana é saber quem foi melhor: Cole Porter ou George Gershwin? Cole era compositor e letrista; George compunha e quem fazia a maioria de suas letras era seu irmão Ira, que era um letrista quase tão bom quanto Porter; e Cole era um músico quase tão bom quanto George. Portanto, um empate técnico... Onde George superou Cole foi na versatilidade. Porter tentou fazer seu nome no erudito, mas não conseguiu. As peças "clássicas" de Gershwin figuram até hoje na pauta das grandes sinfônicas do mundo. Mas Gershwin foi páreo também para Cole Porter na área dos standards. Assobie uma canção sua de Boston a Bancoc, de Roma ao Rio, e aparece logo alguém para assobiar a continuação. O judeu de Nova York que morreu em 1937, antes de completar 39 anos, é um dos gênios universais do século XX, que virtualmente implodiu os rígidos conceitos tradicionais que colocavam o popular e o erudito como vasos não-comunicantes. Ele compôs o "clássico" com sotaque popular e injetou um sabor clássico à canção popular. O maestro e compositor Leonard Bernstein, igualmente avesso a distinções acadêmicas, escreveu:

> *Uma das vítimas mais notáveis da* haute cuisine *musical do século foi George Gershwin. A crítica mais elevada não permite que seu nome entre na categoria dos compositores significativos. Isto é triste, porque Gershwin foi certamente um dos gênios mais autênticos que a música americana produziu.*

Gershwin morreu cedo, de um tumor no cérebro. Dizem que esta foi sua última palavra: "Astaire". Ele compôs algumas de suas melhores canções para o dançarino-cantor-ator Fred Astaire, outro ícone da nossa época. Mas a frase final também poderia ser "*a stair*" – uma escada, em inglês. Gershwin também compôs uma canção chamada "(I'll Build) A Stairway to Paradise", ou seja, construirei uma escada para o paraíso, uma escada direto para o Céu que, se existe, é onde George está, brindando o mundo com toda a beleza de sua música.

Rompendo barreiras

Muitas vezes, quem decide ser músico de jazz encontra barreiras que parecem intransponíveis. Vou me reportar à experiência de dois brasileiros que deram seu depoimento especialmente para este livro. Primeiramente, ao humorista Reinaldo Figueiredo – o conhecido Reinaldo do *Casseta e Planeta* –, que teve a música como primeira opção profissional:

> *Sempre gostei de música instrumental, improvisada, com muito ritmo e balanço. Estudei no Instituto Villa-Lobos, no Rio, sem completar o curso, cheguei a trabalhar em publicidade, como músico e compositor de jingles. Como me interessava pelo desenho de humor, comecei a trabalhar como cartunista e ilustrador no* Pasquim, *em 1974. Percebi que no jornalismo de humor eu podia ter um caminho profissional mais estável e interessante. Mesmo assim continuei sempre tocando algum instrumento. Fui até pandeirista de um conjunto amador de chorinho. Em 1984, fundei (com Hubert e Cláudio Paiva) o* Planeta Diário, *depois nos juntamos com o pessoal da* Casseta Popular, *e daí a pouco estávamos fazendo um show de humor musical no extinto Jazzmania, em Ipanema. Eu me auto-escalei para ser o*

> *baixista da banda que nos acompanhava e assim voltei a ser músico profissional. Depois dessa experiência, acabei conhecendo pessoas como eu que, no fundo, são músicos mas têm outra profissão, o seu* day job, *como dizem os músicos de jazz americanos. Alguns desses amigos estão comigo no meu quinteto, a Companhia Estadual de Jazz (CEJ), e também adoram tocar jazz, bossa nova, samba-jazz, essas coisas. Assim como eles, eu me considero um músico que, por acaso, não é sustentado pela música. Ao contrário, nós é que sustentamos nossa música, e por isso a gente se dá ao luxo de tocar só o que gosta... Nesse nosso mundo multimídia, sou humorista na tevê, continuo sendo desenhista de humor – sou, provavelmente sou, o único cartunista de jazz do Brasil, na revista* Jazz+ *–, e continuo sendo contrabaixista. Acho uma boa estratégia. E, para quem acha que jazz não tem nada a ver com humor, só tenho uma coisa a dizer, aliás, duas: Louis Armstrong e Dizzy Gillespie.*

Outra história interessante é a de Ivo Perelman. Paulistano da classe média judia, filho de polonês e russa, teve de se formar em arquitetura antes de botar o pé no mundo. Nascido em 1961, a música o atraiu desde cedo: aos 9 anos era um prodígio do violão, tocando clássicos, de Bach a Villa-Lobos. Aos 15, trocou o violão sucessivamente por violoncelo, piano, trombone e clarineta, até se render ao som robusto do sax-tenor. Finalmente, Ivo foi dar sua mordida na Grande Maçã, Nova York, por um tortuoso caminho que incluiu o Canadá, Israel e Los Angeles. Depois do primeiro CD, *Ivo*, em 1990 – com as participações de Flora Purim, Airto Moreira e os consagrados americanos John Patitucci (baixo) e Peter Erskine (bateria) –, não parou mais. Comemorando vinte anos de carreira em 2008, já lançou 32 CDs e também se dedica às artes plásticas, com inúmeras exposições nos EUA e na Europa. Mas o jazz é sua grande razão existencial. Eis o seu depoimento para *Improvisando soluções*:

O jazz afetou a minha vida tão profundamente que seria difícil para mim separar um do outro. Depois de 25 anos debruçado quase diariamente sobre a mesma questão básica – como tocar ludicamente uma música espontânea que também seja estruturada e intelectualmente instigante – minha vida acabou se tornando a própria improvisação, no sentido mais abrangente da palavra. A experiência do artista acabou vazando para o âmbito cotidiano do homem tão harmoniosamente que acredito ser essa a melhor forma de se viver: improvisar também a partir das pequenas coisas mundanas para se atingir ao longo do tempo a tênue catarse de se contemplar o cotidiano liricamente. O jazz reorganizou vários departamentos aparentemente antagônicos do meu psiquismo. Improvisar como o resultado de uma longa e meticulosa planificação. Improvisar enquanto resposta para o paradoxo de sermos ao mesmo tempo pensantes e intuitivos. Improvisar ocupando os espaços mais sãos do meu ego criador mais despedaçado, unificado somente pela imensa força terapêutica do espontâneo na arena mais segura que a sociedade nos permite: as artes. De fato, o jazz salvou minha vida há muitos anos. Validou minha existência e respondeu as questões mais dolorosas do âmago do meu ser. Enfim, me ofereceu um modelo perfeito de conduta em que somos simultaneamente criadores divinos e meros mortais, criaturas bestiais mas também civilizadas e racionais. Egresso das mesmas forças caóticas mas coerentes nas quais se agrupa a natureza, o jazz, ao espelhar fielmente nossa admirável progressão evolucionária, me trouxe grande conforto espiritual. Me permitiu uma existência que, embora caótica, tem sido ao mesmo tempo extremamente articulada em seus desdobramentos fractais. Essa tem sido a maior dádiva que recebi do processo artístico. Um sentimento quase religioso de fé nos mecanismos naturais que regem o cosmos. Improvisar é brincar de ser Deus e perpetuar assim o impulso criativo do universo.

Fazer um bom uso do acaso, explorar a imaginação, superar adversidades, encontrar uma voz própria, exercitar a agilidade mental – muitos músicos souberam se sair bem nessas situações. Mas apenas poucos tiveram o dom e a disciplina de romper barreiras e desbravar novos territórios para o jazz. Esse punhado de gênios marcou a ferro e fogo sua passagem (às vezes muito breve) pela arte musical do século XX.

O mais genial de todos eles, Charlie Parker, não chegou a completar 35 anos. Billie Holiday se foi aos 44, John Coltrane aos 40, Jelly Roll Morton aos 51. Sidney Bechet morreu jovem aos 62 anos, Thelonious Monk e Coleman Hawkins viveram uma eternidade até os 62 e 65 anos. Ironicamente, o mais inconformista de todos, Ornette Coleman, continua comandando seu caos sonoro particular do alto de seus serenos 78 anos. Lendo a história individual de todos eles, não é difícil depreender que Ornette soube botar todos os seus fantasmas para fora – uma sábia receita de sobrevivência – enquanto os demais, com exceção do quase-francês Sidney Bechet, que possuía aquela irreprimível *joie de vivre*, introjetaram seus dilemas e trouxeram uma sobrecarga fatal aos seus corpos e às suas almas torturadas. Mas o gênio não se mede por padrões convencionais de tempo, e sim pela intensidade da sua arte e do seu legado. É por isso que Bird Parker, Lady Day e Trane, principalmente, continuam presentes na cultura do século XXI, graças à beleza e à inteligência da sua música.

Sidney Bechet

como domar um saxofone chucro

Os sopros da linha de frente do jazz se limitavam ao trompete, ao trombone e à clarineta – o saxofone ainda estava um pouco no futuro, e também um pouco no passado, em certas orquestras de *ragtime*. Foi ao ouvir uma dessas, os Six Brown Brothers, que o jovem clarinetista de Nova Orleans, Sidney Bechet (1897-1959), se apaixonou pelo "som argênteo" do sax-soprano. (Os Brothers eram uma banda só de saxofones e encampavam quase a seqüência completa da "família" do instrumento: soprano, alto, tenor, dó melódico, barítono e baixo – omitindo apenas o mais agudo, o sopranino, e o mais grave, saxofone contrabaixo, tão volumoso que precisava ser tocado do alto de uma banqueta.)

Anos depois, em 1919, Bechet viajou pela Europa com a Southern Syncopated Orchestra de Will Marion Cook. Enquanto no seu país de origem o jazz foi considerado por muito tempo uma música de marginais, os europeus não demoraram a reconhecê-lo como uma nova e instigante forma de arte. Em Londres, os Southern Syncopators tocaram no Royal Philarmonic Hall e fizeram uma apresentação privada para o rei Jorge V e para a família real no palácio de Buckingham. A apreciação crítica não tardou: ainda em 1919, após assistir a um concerto de Bechet, o renomado maestro suíço Ernest Ansermet escreveu o que é talvez o primeiro comentário de um músico erudito sobre o jazz – e também uma impressionante profecia:

> *Seus solos davam a idéia de um estilo e sua forma era absorvente, abrupta, áspera, com uma conclusão brusca e insondável, como a do* Segundo concerto de Brandenburgo *de Bach. Que coisa comovente conhecer este rapaz gordo e muito preto, de dentes brancos, testa estreita, que fica tão feliz quando gostamos do que faz, mas só sabe dizer, da sua arte, que ela "segue o seu próprio jeito". E pensar que esse "jeito próprio" talvez seja o caminho real que todo mundo percorrerá gingando amanhã.*

Foi também em Londres que Sidney Bechet comprou seu primeiro sax-soprano, um episódio que marcaria uma verdadeira reviravolta na história do jazz: "Eu andava ao léu quando o vi na vitrina de um fabricante de instrumentos. Toquei "Whispering" nele. Gostei daquele saxofone e Will Marion Cook também. Com ele fizemos alguns arranjos especiais."

A partir daí, nos quarenta anos que lhe restaram de vida, Bechet jamais se separou do saxofone de formato reto, que parecia uma clarineta metálica mais encorpada. Numa carreira repleta de sucessos e viagens, Sidney foi também o pioneiro das gravações múltiplas, com a insólita experiência que fez em 1941. Ele foi convocado pelo diretor artístico da RCA para tocar seis instrumentos sucessivamente em "Sheik of Araby", juntando depois as partes num todo. Gravando sob o bem-humorado nome de Sidney Bechet's One Man Band, ele conta em sua autobiografia como começou com o piano, depois na bateria e então se enganou e saiu da seqüência acrescentando baixo, sax-tenor e sax-soprano. Quando foi gravar o outro lado do disco, "Blues of Bechet", estava tão cansado que só dublou quatro instrumentos, mas lembra que o sindicato dos músicos obrigou a RCA a pagar-lhe o cachê de sete músicos. Apesar das trapalhadas, o disco ficou famoso, como a primeira tentativa de gravar utilizando as técnicas da dublagem em estúdio.

Sidney Bechet voltou à Europa em 1949 – a primeira vez em quase vinte anos –, sendo recebido com entusiasmo e reverência. Em 1951, mudou-se definitivamente para a França, onde viveu os últimos anos como uma estrela da música, compondo uma canção que obteve um sucesso estrondoso, "Petite Fleur". Virou nome de rua e de praça em inúmeras cidades francesas e ainda gravou em 1957 um álbum de uma modernidade incrível com o pianista Martial Solal, *When a Soprano Meets a Piano*.

No livro *Combo*, o historiador e crítico Rudi Blesh descreve as dificuldades enfrentadas por Bechet ao escolher justamente a "ovelha negra" da família dos saxofones:

> *De todos os saxofones, o soprano é o mais chucro. Até que fosse domado por Sidney, era evitado pelos músicos, que o consideravam um instrumento imprevisível, de reações incertas, especialmente na questão do timbre. Essa característica se tornava berrante e notória nas passagens rápidas, que exigiam mudanças na posição da mão. Enquanto a mão se movia para o registro mais alto ou para o mais grave, o cabuloso pequeno instrumento produzia, inesperadamente, notas azedas e fora de timbre.*

Bechet soube transformar o azedo em doce e tornar-se o mestre incontestável do soprano e, mais do que isso, o primeiro grande estilista do saxofone no jazz. Sintomaticamente, logo depois da morte de Bechet, os modernistas do jazz encamparam o soprano e muitos sax-tenores fizeram dele um segundo instrumento, como John Coltrane, Dexter Gordon, Wayne Shorter e uma infinidade de outros, sem mencionar o grande especialista do soprano no jazz de vanguarda, Steve Lacy. Uma revolução abençoada pelo velho Sidney, o primeiro jazzista que teve ouvido e coragem para domesticar o filho rebelde da família dos saxofones.

Jelly Roll Morton

o primeiro compositor do jazz

Ferdinand Joseph LaMenthe (1890-1941) foi – e fez – tanta coisa em seu meio século de vida que por muito tempo seria lembrado por tudo, menos o principal: sua música. O pomposo nome *creole* foi descartado em favor de Jelly Roll Morton – "jelly roll" um termo da gíria do jazz de conotações eróticas e Morton uma simplificação do sobrenome de origem francesa, que variava entre LaMenthe, LaMothe e Lemott. Palavras carregadas como "bazófia" e "empáfia" definem seu caráter. Costumava fazer declarações bombásticas como "Fui eu quem inventou o jazz no ano de 1902". E mandou imprimir cartões de visita com slogans como "O criador do jazz, do stomp e do swing" e "O maior compositor de canções hot do mundo". Por trás dessa megalomania galopante havia muito mais verdade do que supunham as pessoas. O clarinetista Omer Simeon, que tocou com Morton, garantia: "Uma coisa é certa em relação a Jelly Roll: tudo o que *dizia* era capaz de provar, *fazendo*."

Como *creole* (mestiço de negro com francês, ou espanhol ou de outras raças que se aventuraram na colonização da Luisiana), Morton/

LaMenthe gozava de mais status em Nova Orleans do que a população negra pura e simples. A própria escolha do instrumento – o aristocrático piano e não as cornetas ou clarinetas das bandas de rua – indica uma predileção pelas coisas mais sofisticadas da vida. Ainda criança, freqüentava os concertos da Ópera Francesa com os pais; aos 7 anos, tocava bem violino, violão e bateria, mas logo escolheu o piano como instrumento principal. Órfão de mãe aos 13 anos, foi morar com um tio e começou a fazer biscates como contínuo, engraxate, ajudante na barbearia do tio e marcador de sacas de açúcar. Mas o talento musical em pouco tempo o levou a tocar nos cabarés e bordéis da cidade.

Amante das boas roupas, comidas e bebidas, jogador (cartas, dados, bilhar), conquistador (eventualmente cafetão), foi o símbolo do músico que floresceu no início do século em Storyville, um dos maiores bairros de prostituição do mundo. Segundo o próprio Morton:

> *Nova Orleans era o lugar onde estavam os maiores pianistas do país. Tínhamos espanhóis, negros, brancos, franceses, americanos, eles vinham de todos os cantos porque ali havia mais empregos para pianistas do que em qualquer outra parte do mundo. Os bordéis de Storyville precisavam de "professores", e nós os tínhamos, em muitos estilos diferentes...*

"Professor" era o título que distinguia os pianistas de Nova Orleans dos demais músicos. Jelly Roll pertencia a essa nova classe de dândis que davam uma atenção especial à vestimenta. Era uma atitude *fashion* que nada fica a dever às "vítimas da moda" do nosso tempo. Morton lembra, numa descrição muito detalhada e colorida:

> *Aqueles sujeitos não faziam por menos, nada de ternos combinando, usavam um blazer azul e uma espécie de calça listrada, e a*

> *calça tinha de ser muito justa. Justa como uma salsicha. Raramente dava para fechar o botão superior da calça de uma pessoa naqueles dias em Nova Orleans. Deixavam o botão superior aberto e usavam suspensórios em cores berrantes – claro que nem precisavam de suspensórios, porque a calça era tão justa –, e um lado do suspensório estava sempre caindo para fora. Deviam ver um daqueles sujeitos descendo a rua, a camisa aberta para mostrar sua camiseta de flanela vermelha, caminhando daquele jeito molenga aprendido à beira-rio, que chamavam de jogar bola de gude. Quando você joga bola de gude suas mãos caem do lado do corpo e os indicadores se destacam e guiam sua marcha. Aquilo era considerado uma coisa monumental pelas mulheres meio burras – se você sabia jogar bola de gude e tinha uma bela camiseta vermelha e o colarinho aberto e levantado, eu lhe garanto, tinha toda chance de conquistar aquela dona. Elas gostavam daquilo. Naqueles dias, eu achava que ia morrer se não tivesse um chapéu com o emblema Stetson e sapatos Edwin Clapp. Mas muitos rapazes não usavam sapatos de fábrica. Preferiam os chamados St. Louis Flats e Chicago Flats, feitos com solas de cortiça, sem saltos e com desenhos na ponta. Depois, alguns inventaram de botar pequenas lâmpadas elétricas na ponta dos sapatos e levavam uma bateria nos bolsos, e quando se aproximava uma dona – dessas bobas – eles apertavam um botão no bolso e acendiam as pequenas lâmpadas na ponta dos sapatos e aquela dona era conquistada! É a pura verdade!*

Embora ficasse afastado por mais de 12 anos de Nova Orleans, em andanças pelo país que o teriam levado até o Alasca, por onde passava Morton foi agregando ao seu fabuloso ouvido uma variedade de estilos – *ragtime*, blues vocais e instrumentais, canções de trabalho e de prisão, hinos religiosos e spirituals, repertório dos *minstrel shows* e do *vaudeville*, canções populares brancas e ritmos hispânicos das Antilhas – para formar uma amálgama muito próxima daquela música que começavam a chamar de jazz.

Depois de passar cinco anos em Los Angeles, onde obteve grande sucesso, Morton, como a maioria dos jazzistas da época, mudou-se para Chicago. Foi lá, em 1923 e 1924, que gravou seus primeiros discos, tocando composições originais em solos de piano. Todo o seu trabalho a partir de então foi uma tentativa de transpor para a jazz band sua concepção musical, nascida basicamente do piano. Entre setembro de 1926 e junho de 1928, fez para a Victor uma série de gravações que rivalizaria em importância com as dos Hot Five e Hot Seven de Louis Armstrong. Usando músicos em sua maioria de Nova Orleans, a banda que batizou de Red Hot Peppers – além dos seus solos de piano que o mostram como uma ponte entre o *ragtime* e os primeiros estilos pianísticos do jazz –, ele lançou várias inovações estruturais que vão muito além da improvisação polifônica do estilo de Nova Orleans. Com um rigoroso espírito de organização, disciplinou os temas, tornando as partes orquestrais mais "compostas", mas nem por isso eliminando a base do jazz, que é a improvisação. Ao contrário, seus temas mais elaborados estimulavam os músicos a uma criatividade maior em seus improvisos. O uso do *break* (o "breque"); a variedade rítmica entre as músicas e até mesmo dentro de uma mesma música; o entrelaçamento de vozes, formando uma tessitura orquestral nova; as modulações tonais e práticas como a troca de compassos entre os instrumentistas ou a eliminação de algumas vozes de fundo durante um solo instrumental – tudo isso seria depois incorporado definitivamente à linguagem do jazz.

Nos seus últimos anos de vida, a convite do pesquisador Alan Lomax, Jelly Roll Morton participou de longas sessões diante de um gravador e de um piano de cauda, na Biblioteca do Congresso, em Washington, para desfiar suas memórias excepcionalmente vivas em depoimentos entremeados de ilustrações musicais ao piano. O resultado foi um dos documentos mais ricos e impressionantes sobre os primeiros tempos do jazz em Nova Orleans e rendeu um livro de Alan Lomax, *Mister Jelly Roll: The Fortunes of Jelly Roll Morton, New Orleans Creole and "Inventor of Jazz"*, publicado em 1950. Assim, Jelly Roll seria também um dos mais importantes historiadores do jazz inicial e um crítico e teórico excepcional dessa música, da qual foi, segundo o historiador do jazz Martin Williams, um "mestre da forma": "Morton mostrou o único caminho que o jazz encontrou para liberar suas estruturas e seus grupos da tirania e da subjetividade do momento."

Coleman Hawkins

o inventor do solo de saxofone

Foi Coleman Randolph Hawkins (1904-69) – também conhecido como "Bean" e "Hawk" – quem conferiu status de solista ao saxofone. O instrumento entrou tardiamente na cena do jazz e por algum tempo não teve seu potencial devidamente explorado. Os primeiros saxofonistas de destaque, nos anos de 1920, foram brancos. Existe uma explicação, segundo o historiador do jazz James Lincoln Collier:

> *Os negros entraram tarde na jogada, principalmente porque saxofones de segunda mão ainda não apareciam com freqüência nas lojas de instrumentos usados ou de penhores, e poucos negros podiam se dar ao luxo de comprar saxofones novos.*

Coleman Hawkins teve mais sorte. Aprendeu piano aos 5 anos com a mãe, uma professora que tocava órgão. Aos 7, estudou violoncelo e depois pediu um sax-tenor, que ganhou ao completar nove anos de idade. Lembra ele: "Passava o dia inteiro estudando música e, depois de terminar os deveres, me dedicava exclusivamente ao jazz." Sua facilidade para ler partituras o ajudou a ingressar na profissão musical. Antes dos 20 anos já tocava com a famosa orquestra de Fletcher Henderson e acompanhava a cantora de blues Mamie Smith. Por algum tempo tocou o sax-baixo, instrumento pesado que se ocupava mais da marcação do ritmo, uma espécie de tuba na família das palhetas. Mas depois que se concentrou no sax-tenor, praticamente reinventou o instrumento patenteado em 1846 pelo belga Adolphe Sax, dando-lhe uma sintaxe própria e mostrando suas possibilidades fantásticas como instrumento solista.

O sucesso de Hawkins foi tão grande que em 1934 ele partiu para uma temporada de cinco anos na Europa, onde recebeu tratamento de verdadeira estrela. Nos primeiros tempos, Hawkins ainda tocava com notas destacadas, tratando o sax como se fosse um trompete, com a técnica do *slap-tongue* (tapas de língua na palheta), que ele próprio chamaria depois de "cafona". A partir dos anos 1930, evoluiu para o estilo que se tornaria típico do sax-tenor: um timbre robusto, cheio de vibrato, notas em cascata, mais ligadas, praticamente soldadas uma à outra – dentro da característica mais elástica do instrumento – e uma tendência de improvisar menos em torno da melodia (como um Louis Armstrong) e mais sobre os acordes, a seqüência harmônica do tema, antecipando o bebop. O trompetista Rex Stewart atribui o amadurecimento de Hawk à influência do pianista Art Tatum:

> *Coleman Hawkins ficou tão tomado pelo piano de Art Tatum que começou imediatamente a criar um outro estilo para si mesmo, baseado no que ouviu Tatum tocar naquela noite (em 1926 ou 1927) – e abandonou para sempre o* slap-tonguing.

Quando voltou para os Estados Unidos, em 1939, Hawkins estava pronto para criar sua obra-prima, a famosa gravação de "Body and Soul", nos estúdios da RCA, em Nova York, no dia 11 de outubro. São três minutos em que, acompanhado por sua orquestra, discretamente ao fundo, ele tece variações em torno do conhecido standard. A melodia tem uma história curiosa: composta em 1930 por quatro autores (Heyman, Sour, Eyton e Green), era o número mais fraco do musical *Three's a Crowd*, até que recebeu um novo arranjo e virou uma sensação da noite para o dia. Assim que a versão de Coleman Hawkins foi lançada em disco, tornou-se uma das gravações de jazz mais vendidas de todos os tempos. O próprio Hawkins teve uma reação ambígua em relação ao seu sucesso. "Eu sempre toquei assim! Por que toda essa agitação?" Já na era do jazz moderno, alfinetou os saxofonistas da sua época: "Quando o disco saiu, todo mundo, até Chu Berry, disse que eu toquei as notas erradas. Ignoravam certas inovações que hoje são coisa comum."

Poucos sabem, mas Coleman Hawkins relutou muito em gravar "Body and Soul" naquele 11 de outubro de 1939, e só o fez no último minuto, para concluir a sessão. Um crítico a definiu como "indiscutivelmente um dos marcos na história das gravações de jazz, figurando entre um pequeno punhado de discos perfeitos". Outro contabilizou que, passados 6.500 dias da data da gravação, Hawkins havia tocado "Body and Soul" pelo menos 6.600 vezes, "recusando-se sempre a lembrar qualquer frase do solo improvisado original".

Um crítico escreveu: "Tivesse se aposentado no momento em que tirou o saxofone da boca no final de 'Body and Soul', ele teria garantida a fama duradoura como um dos maiores músicos do século XX." Coleman Hawkins viveu mais trinta anos depois da sua consagração com a canção, trilhando sempre novos caminhos. Participou das primeiras gravações do bebop ao lado de Dizzy Gillespie. Em 1947, gravou o primeiro solo de saxofone sem nenhum acompanhamento, que intitulou "Picasso", uma improvisação livre de mais de três minutos baseada na seqüência de acordes de – adivinhem! – "Body and Soul". Nos anos 1950, tocou com modernistas como Thelonious Monk e John Coltrane. Nos anos 1960, fez um álbum de duetos/duelos com o sax-tenor Sonny Rollins. Cannonball Adderley, que tocava sax-alto, contou certa vez:

> *Um jovem sax-tenor queixava-se para mim que Coleman Hawkins o deixava nervoso. Cara, falei para ele, Hawkins devia mesmo deixá-lo nervoso. Hawkins vem deixando os outros saxofonistas nervosos há quarenta anos!*

Coleman Hawkins veio ao Brasil em 1961, para um festival de jazz nos Teatros Municipais do Rio e de São Paulo, reunindo músicos americanos e brasileiros, e gravou no ano seguinte um álbum de jazz-samba, *Desafinado*. Visitando a Bélgica numa comemoração na cidade natal de Adolphe Sax, Dinant, ele gravou novamente um solo de sax-tenor desacompanhado e, dessa vez, o intitulou "Dali". O saxofonista francês Alix Combelle assim definiu Hawk:

> *Era como uma catedral. Saía uma tal potência daquele instrumento, uma qualidade, um veludo, um volume... A gente tinha a impressão de que Hawkins estava lá dentro! Geralmente, há uma separação entre o solista e o instrumento, mas, no caso dele, parecia que o som saía do próprio homem.*

Charlie Parker

o pássaro de fogo

A vida de Charles Christopher Parker (1920-55) foi breve mas intensa. Figura lendária, sua história pode ser contada em tom de fábula: era uma vez um menino pobre que ganhou um saxofone de segunda mão e saiu com ele para conquistar o mundo. Nascido em Kansas City, foi criado por mãe pobre e superprotetora – o pai abandonou a família quando Parker ainda era criança. A mãe lhe comprou, por 45 dólares, um sax-alto surrado e de marca inferior. Adolescente, Parker já estava casado e viciado em drogas. Viciado em jazz também. Kansas City – importante entroncamento ferroviário e ponto de passagem obrigatório das grandes orquestras – era a meca das jam sessions e o garoto sonhava em tocar como – e com – os seus ídolos. A essa altura, já ostentava o apelido de "Yardbird" (galinho de quintal), depois encurtado para "Bird", por "ciscar" em volta dos clubes noturnos ou talvez até por seu apetite desmesurado por galetos fritos. Com o tempo, o apelido ganhou a dignidade de um pássaro como a águia, ou o condor, voando nas alturas.

A história do seu amadurecimento musical tem muito a ver com aqueles relatos de iluminação espiritual, como o do Buda. Aos 17 anos, louco para tocar com as feras de Kansas City, viu chegar uma noite sua oportunidade, numa espécie de "hora de calouros". Subiu ao palco e começou a mostrar alguns truques que havia treinado em casa. Bird decolou bem, mas, de repente, perdeu o equilíbrio e, num lance mais ousado, atravessou o ritmo. O baterista (Jo Jones, da orquestra de Count Basie) não vacilou: desatarraxou o imenso prato turco da bateria e o arremessou sobre o novato. O prato foi cair com estrondo aos pés de Parker e a platéia caiu na gargalhada. (Essa cena, com o prato viajando no ar em câmara lenta, é enfatizada com dramaticidade no filme *Bird*, de Clint Eastwood.) Humilhado e moralmente arrasado, o jovem saxofonista foi para uma cabana nas montanhas e entregou-se ao que os músicos chamam de *woodshedding*, um período de treinamento intensivo (*woodshed* é depósito de lenha, refúgio; curiosamente, os jazzistas chamam o saxofone de *axe*, machado).

Começando a vida profissional, que naqueles tempos era passada a maior parte do tempo na estrada, tocando cada noite numa cidade diferente (os shows eram chamados de *one-nighters*), Parker sofreu um acidente de carro durante uma turnê. Saiu machucado, mas recebeu uma boa indenização do seguro, com a qual comprou um saxofone novo, da melhor marca. Seu biógrafo Ross Russell escreve, em *Bird Lives*:

> *Quando Charlie empunhou o Selmer novo e se viu no espelho do quarto, sentiu-se como Lester Young à frente da orquestra de Count Basie, deslumbrando a todos com grandes notas macias. A luz que incidia nas superfícies curvas do metal polido faiscava e lançava reflexos por todos os cantos do quarto. As chaves pareciam acomodar-se na posição exata debaixo de seus dedos, como se os artesãos da*

> *fábrica Selmer tivessem fabricado o instrumento sob medida para Charlie. As chaves tinham uma ação rápida e segura, como a mola de uma ratoeira, mas era uma ação suave e silenciosa. A boquilha encaixou facilmente, mas com firmeza. Charlie tocou uma escala e marcou na cortiça o ponto de afinação, como o funcionário da loja lhe havia mostrado. Os botões de madrepérola e as bordas das chaves pareciam de seda. O saxofone cheirava a metal novo, a talco de joalheiro, ao veludo do forro do seu estojo. O som era diferente, também, vigoroso e puro.*

Autodidata, Parker procurava aprender ouvindo discos, principalmente os de Lester Young, e explorando sozinho o instrumento. Mergulhou no estudo de todas as tonalidades, ignorando que a maioria do jazz da sua época era tocada apenas em quatro delas: dó, fá, si bemol e ré bemol. Aos 19 anos, já possuía um estilo altamente pessoal e um som que prenunciava o jazz do futuro. Uma das principais "cobaias" do seu laboratório sonoro era "Cherokee", composição do band-leader inglês Ray Noble. Embora fosse apenas uma canção popular exótica que exaltava o índio americano, "Cherokee" era um tema intrincado e longo, de 64 compassos (o dobro dos standards de 32 compassos), com várias modulações e complexas seqüências de acordes, particularmente na segunda parte (conhecida como *bridge*, ponte). O próprio Parker relatou:

> *Lembro de uma noite em que eu estava "jameando" numa espelunca da Sétima Avenida, entre as ruas 139 e 140. Era dezembro de 1939. Eu achava um saco aqueles acordes estereotipados que a gente usava o tempo todo. Sentia que devia existir outra coisa, algo diferente. Às vezes podia ouvi-la, mas era incapaz de tocá-la. Pois bem: naquela noite, improvisando sobre "Cherokee", descobri que usando os intervalos mais agudos de um acorde como linha melódica e escorando-*

os com acordes adequados eu podia tocar aquilo que vinha ouvindo havia muito tempo. Foi como se tivesse nascido de novo.

No começo de 1942, Parker gravou na orquestra de Jay McShann um pequeno solo em "Cherokee" que já antecipava a revolução do bebop. A versão definitiva dessa verdadeira obsessão musical pela canção acabaria surgindo três anos depois, numa tumultuada gravação para o selo independente Savoy da qual restaram várias *takes*. Numa delas, os músicos tocam a versão explícita de "Cherokee", para desespero dos chefões na cabine de controle, que berram: "Parem! Parem!" Gravar qualquer canção conhecida significava ter de pagar direitos autorais, coisa que as pequenas gravadoras abominavam. Assim, pelo mísero cachê da sessão de gravação, os músicos contribuíam não só com sua interpretação, mas também com um tema original, geralmente baseado na grade harmônica de uma canção conhecida, como foi o caso de "Cherokee", intitulada "Koko" nessa sessão de 26 de novembro de 1945, em que o pianista sumiu e Dizzy Gillespie teve de se desdobrar no trompete, na exposição e retomada do tema, e ao piano, acompanhando o solo de Parker. São dois minutos 46 segundos em que a improvisação de Parker ocupa cerca de dois minutos; existe uma variante gravada na mesma ocasião: "Warming up a Riff", descrita pelo crítico Albert Goldman como

Um solo épico que é uma visão do paraíso por William Blake; os vales e colinas ondulantes de uma paisagem visionária, rica, ampla, edênica, banhada na luz dourada do gênio. Quando Bird chega à segunda parte do tema, encontra uma transposição extraordinariamente difícil para um sax-alto. Apertando o botão do desafio e da grandeza na sua cabeça incomparavelmente musical, desdobra-se em acrobacias sonoras que lhe requerem pouco esforço, mas são surpreendentes, coruscantes e impossíveis de apreender, menos ainda de tocar.

"Koko" foi o grito de guerra e paz do bebop e firmou Charlie Parker como o líder de toda uma geração. Ainda Albert Goldman:

> *Parte do prazer e do significado do que ele disse reside no reconhecimento de como transformou a herança musical que assimilou na juventude. Como a poesia metafísica ou a música atonal ou a pintura cubista, o bop partiu de uma arte madura, estabelecida em tradições plantadas no tempo, e a chutou para o alto, para um plano mais sofisticado de discurso. Algumas coisas foram cortadas e jogadas fora. Outras foram comprimidas ou abstraídas em sinais telegráficos. E ainda outras foram ironicamente invertidas ou ousadamente estendidas, como um disco do qual subitamente brotam novas séries de sulcos.*

Havia tanta magia no talento de Parker que poucas pessoas se davam conta do trabalho e do empenho que ele havia investido, ao longo da vida, no domínio completo do instrumento. Em sua autobiografia *Beneath the Underdog* [Saindo da sarjeta], o contrabaixista Charles Mingus evoca o som de Bird:

> *Deus do céu! É um som de milhões de almas entrelaçadas naquele velho saxofone dele, remendado com fita adesiva, elástico e goma de mascar, e dizem que ele guincha. Uau! Pode guinchar, Bird! Ele está simplesmente ouvindo seu sax cantar. (...) Veja só, Bird chegou até este ponto e lhe dão de presente saxofones de ação suave. Ele diz: "Pra quê? Tarde demais." Ele gosta de dureza. Toca um velho Conn com uma boquilha aberta número 30. Lembro de um garoto branco que falou ao Bird que os negros usavam boquilhas cheias de truques para tornar as coisas mais fáceis. Bird enfiou a mão no estojo e disse: "Tome, experimente essa Berg Larsen, meu filho." O garoto*

> *colocou a boquilha no seu saxofone e soprou. Huiiii! Não saiu nada mais além de ar. Seu rosto foi ficando vermelho e roxo. E ainda nenhum som. Bird disse: "Deixa ver. Qual é o problema? Ora, a palheta está muito mole." Tirou do bolso uma moeda de 50 centavos, encostou a palheta nela e foi queimando a ponta com um isqueiro até consumir boa parte da palheta, cuja ponta ia ficando mais grossa. Então ele mesmo experimentou: "Toca que é uma beleza", disse Bird. "Ainda está um pouco mole, mas já dá para o gasto." Se aquele garoto tivesse tentado soprar uma palheta tão dura como aquela teria desmaiado ou morrido antes de conseguir fazê-la vibrar...*

Parker, o músico, comandou espetáculos magistrais, como suas apresentações ao vivo e gravações de standards com orquestra de cordas Negro, vivendo no submundo do entretenimento, sentia certo complexo de inferioridade em relação aos gigantes da música erudita do século XX, entre eles Bartok e Stravinsky. Há uma anedota patética de que, no fim da vida, Parker tentou fazer um escambo com o compositor de vanguarda Edgar Varese, pagando as aulas de música do mestre com seus dotes culinários. Outro episódio cruelmente irônico aparece numa vinheta do filme de Clint Eastwood, *Bird*. Perdido na Califórnia, Parker sai em busca do compositor russo Igor Stravinsky, autor da "Suíte do Pássaro de Fogo", que morava na Califórnia. Procura o endereço do mestre, uma daquelas casas sem cerca com o gramado dando para a calçada, e toca a campainha. Quem atende é Vera, a mulher do compositor. Espia pelo olho mágico e não abre a porta. Parker não insiste e segue em frente. Stravinsky levanta os olhos de uma partitura e pergunta: "Quem era?" Vera responde: "Ninguém, apenas um negro perdido na noite."

Charlie Parker morreu antes de completar 35 anos, de excesso de tudo. Santo e mártir do jazz, drogava-se para provar aos músicos mais jovens que aquilo não prestava e não era um caminho de vida. Foi mal interpretado e todos se drogavam para tocar como ele. Igual a Mozart – ambos morreram antes de completar 35 anos –, marcou sua época a ferro e fogo com o seu gênio e projetou sua arte para a eternidade.

Um tom de lenda sempre cerca os grandes homens. Parker morreu em Nova York numa noite de sábado, 12 de março de 1955. No dia seguinte, com um céu azul sem nuvens, um trovão insano se fez ouvir em toda Manhattan. Àquela altura, vários muros da cidade e paredes do metrô apareciam rabiscados com a frase BIRD LIVES, algo como "Bird está vivo". E dias depois, num concerto de jazz em memória de Parker, uma pena branca de pássaro caiu do alto das coxias e pousou suavemente sobre o palco.

Thelonious Monk

o som da surpresa

Da escola tradicional de Nova Orleans até a revolução final do free – processo dinâmico que durou apenas cinqüenta anos –, o jazz teve sua linguagem desenvolvida de forma linear e, de certo modo, lógica. Uma exceção solitária foi um artista altamente individualista e original que rompeu com todos os padrões e criou uma obra pianística única na história da música. Thelonious Sphere Monk (1920-82) nasceu na Carolina do Norte e mudou-se ainda criança para Nova York, onde passou a maior parte de sua vida num apartamento de porão na rua 63 Oeste, só saindo quando o prédio foi demolido, ironicamente, para dar lugar ao complexo musical do Lincoln Center.

Por muito tempo, Monk foi vinculado aos jovens pioneiros do bebop, como Dizzy Gillespie e Charlie Parker (com os quais tocou). A maioria dos boppers procurava acumular o maior número de notas em seus solos. Monk, ao contrário, amadurecia sua concepção do espaço musical, em que o silêncio tinha tanto valor como o som. Possuía uma noção muito aguçada do instante sonoro, alternando insinuações melódicas com frases curtas, escoradas em estranhos acordes modificados.

Segundo o crítico Grover Sales:

> *Monk, como Picasso, jogou fora a técnica oficial; começou a pesquisar todos os elementos da música – ritmo, melodia, harmonia e especialmente o colorido tonal, a mais difícil inovação de todas no piano – e, com uma alquimia impossível de se descrever, arranca do instrumento sons que são inteiramente seus.*

Em vez das frases pirotécnicas do bebop, Monk criou um estilo econômico que, como assinalou o crítico Paul Bacon, lhe custou 50% da técnica pianística – uma linguagem única, cheia de volatas, trêmolos e acordes dissonantes alternados com pausas insólitas em que o silêncio pende ameaçador como uma rocha à beira do abismo.

Um gênio tão rebelde correria o risco de ser relegado à marginalidade. Monk teve a sorte de ser ouvido pelo saxofonista Ike Quebec, que atuava como uma espécie de caça-talentos do selo independente Blue Note e recomendou que o gravassem. Entre 1947 e 1952 ele gravou 24 faixas, 19 delas temas originais, em que o pianista-compositor mostrava a riqueza e variedade do seu gênio. Por sua excentricidade, só em fins da década de 1950 teria seu talento reconhecido, e em 1964 era consagrado com uma reportagem de capa da revista *Time* – o espaço da mídia mais valioso do mundo, disputado aguerridamente por políticos, empresários e artistas, honra até então só conferida a dois outros jazzistas: Duke Ellington e Dave Brubeck (até Louis Armstrong ficou de fora...). Na sua linguagem colorida e preciosa, *Time* afirmava sobre Thelonious:

Sua obra de 57 composições é um auto-retrato diabólico e espirituoso, uma série de instantâneos despojados de sua vida em Nova York. Métricas cambiantes, harmonias únicas e acordes exóticos criam o efeito de uma conversação desesperada numa outra língua, um acesso de riso embriagado, um grito num parque no meio da noite.

Depois desse primeiro grande espasmo criativo, Monk compôs mais espaçadamente, chegando sua obra a cerca de setenta composições. Dedicou-se também a aplicar sua excêntrica visão pianística a uma série de standards com os quais se identificava, e explorava com um lirismo obsessivo em seu piano solo, como "Just a Gigolo", "Don't Blame Me", "These Foolish Things", "April in Paris", e também a temas de Duke Ellington, aos quais dedicou um álbum. Nesse aspecto, Monk se assemelhava a Billie Holiday: era seletivo e preferia trabalhar as mesmas canções a abrir indiscriminadamente seu repertório. Os dois fugiam das chamadas "novidades" a que Louis Armstrong e Ella Fitzgerald – mais comprometidos com o mundo do entretenimento – haviam aderido, como "Mack the Knife" e "Hello, Dolly".

Mas a força de Monk está mesmo nas suas composições originais, que sempre tiveram nele seu mais fiel e eloqüente intérprete. Um de seus temas, "Ugly Beauty" [Beleza feia], dá uma idéia da sua estética provocadora. A linguagem monkiana é uma espécie de código secreto do qual só ele tem a chave, tornando as tentativas de imitação mera caricatura. Quem ouviu Thelonious uma vez saberá sempre distinguir o toque e o fraseado inconfundíveis. Partindo de matéria aparentemente simples e tradicional – como as canções gospel, os blues, o estilo stride de piano e a canção popular americana –, Monk fez um corte vertical na história do jazz, com sua música única e atemporal. Temas tão estranhos como seus títulos ("Misterioso", "Epistrophy",

"Introspection"), ou descritivos de sua complexa geometria ("Criss Cross", "Gallop's Gallop", "Rhythm-a-ning") coexistem pacificamente com suas belas baladas ("Round Midnight", "Ruby My Dear", "Crepuscule with Nellie").

Apegado à casa como um gato, Thelonious declinou depois que foi expulso de sua toca no porão da rua 63 Oeste. Gravou pela última vez em 1971 e fez uma última apresentação solitária em 1976 no festival de jazz de Nova York, para dar força ao filho baterista, T. S. Monk. Viveu os últimos anos – até sua morte, em 1982 – cercado de dezenas de gatos em Nova Jersey, na casa da baronesa Pannonica de Koenigswarter, a mecenas do jazz em cujo apartamento de Manhattan, no Hotel Pierre, morreu Charlie Parker, e a quem Monk dedicou a composição "Pannonica". Poucos músicos causaram no jazz um impacto igual ao de Thelonious Monk. Sua contribuição como compositor, seu estilo pianístico – o fraseado anguloso, os acordes dissonantes martelados, seu uso do silêncio como expressão musical, um estilo que já foi definido como "o som da surpresa" –, tudo isso ainda não foi completamente absorvido pelos músicos e pelos analistas do jazz. O enigma do *misterioso* Monk ainda levará muito tempo para ser decifrado.

Billie Holiday

uma gota de sangue em cada canção

Já me disseram que ninguém era capaz de cantar as palavras "fome" ou "amor" como eu. Talvez porque nunca pude esquecer o que estas palavras significam. Todos os Cadillacs e casacos de pele do mundo, e eu tive alguns, não chegam a compensar o que sofri ou me levar a esquecer. Tudo o que aprendi em todos aqueles lugares e com todas aquelas pessoas está resumido nestas duas palavras. Você precisa ter um pouco de comida e um pouco de amor em sua vida antes de ser obrigada a se perfilar e ouvir um maldito sermão sobre como deveria se comportar.

Assim Billie Holiday (1915-59) definiu o âmago de sua arte na autobiografia *Lady Sings the Blues*. O jazz teve muitas cantoras admiráveis – suas *torch singers*, *crooners*, *first ladies* –, mas nenhuma como Lady Day. Quem melhor definiu a marca de distinção que separa Billie das demais foi o clarinetista Tony Scott, que gravou com ela e foi também um grande amigo:

> *Quando uma cantora de jazz qualquer canta as palavras* "my man's gone" *– mesmo com uma voz bonita como a de Ella Fitzgerald –, fica um sentimento vago de que ele pode ter ido até a esquina comprar um maço de cigarros e vai voltar logo. Quando Billie canta* "my man's gone"*, o homem se foi para sempre – sua voz expressa em três palavras uma perda total e irreversível.*

Billie nasceu Eleanora Fagan, pobre, na aristocrática Baltimore, cidade de brancos ricos. A frase que abre seu livro é típica do seu humor irônico: "Mamãe e papai eram apenas duas crianças quando se casaram. Ele tinha 18 anos, ela 16 e eu 3." O pai as abandonou, queria ser músico a todo custo – e acabou sendo, como guitarrista de uma banda itinerante. Na verdade, seu sonho era tocar trompete, mas teve os pulmões lesados por gás venenoso na Primeira Guerra. Billie faz um comentário cáustico: "Acho que se ele fosse pianista provavelmente teria levado um tiro na mão."

A vida começou cedo para Billie. Antes e depois da escola, era menina de recados, babá e lavava os degraus das casas de Baltimore. Toda residência que se prezava na cidade tinha uma escadaria de mármore na porta de entrada e os degraus tinham de estar sempre imaculadamente brancos – trabalho para negros. A "vida" também começou cedo para Billie: faxineira de bordel, foi estuprada, ainda pré-adolescente. Mas o bordel tinha suas compensações. Ela conta, na autobiografia:

> *Alice Dean tinha um bordel na esquina perto da nossa casa e eu levava recados para ela e para as garotas. Tinha um tino comercial acentuado na época. Nunca ia ao armazém para ninguém por menos de 5 ou 10 centavos. Corria por toda parte para Alice e para as garotas, lavava bacias, colocava o sabonete Lifebuoy e as toalhas.*

Quando chegava a hora de me pagar, eu dizia a Alice que podia ficar com o dinheiro se me deixasse ir até sua sala de visitas e ouvir Louis Armstrong e Bessie Smith na vitrola. Uma vitrola era um negócio e tanto naqueles dias, e não havia salão nas redondezas que tivesse uma, exceto o de Alice Dean. Passei horas maravilhosas ali, ouvindo Pops e Bessie.

Billie e a mãe amargaram a depressão econômica em Nova York. Um dia, ameaçadas de despejo por não pagarem o aluguel, Billie saiu desesperada pelas ruas do Harlem. "Tinha decidido que estava cheia desse negócio de piranha. Resolvi também que não ia ser empregada doméstica de ninguém." Entrou numa boate chamada Pod's and Jerry's e pediu emprego a Jerry. Aceitou testá-la como dançarina: foi um fracasso. Então o pianista perguntou: "Ei, garota, você sabe cantar?" E Billie: "Claro que sei cantar, mas pra que serve isso?" Ela explicaria depois:

Tinha cantado a vida toda, mas gostava demais de cantar para pensar em ganhar dinheiro com aquilo. Pedi ao pianista que tocasse "Travelin' All Alone". Era o que mais se aproximava do meu estado de espírito. E devo ter transmitido uma parte daquilo à platéia. A boate inteira ficou em silêncio. Se alguém deixasse cair um alfinete, soaria como uma bomba. Quando terminei, todo mundo estava chorando no copo de cerveja e apanhei 38 dólares do chão. Ao deixar a boate, dividi a féria com o pianista e ainda levei para casa 57 dólares.

Naquela noite – uma data que nem a própria Billie soube definir ao certo – nascia não só a maior cantora de jazz de todos os tempos, mas também a lenda de Lady Day. Quando começou a cantar profissionalmente em boates, Billie fazia a ronda de mesa em mesa. Na época, esperava-se que as cantoras "fisgassem" a gorjeta. Não se tratava de recolher moedas jogadas no chão. O cliente embolotava uma nota de dinheiro e a colocava numa quina da mesa. A cantora se aproximava, levantava a saia e tinha de apanhar o dinheiro apertando-o entre as coxas – em certos casos, de garotas mais dotadas, entre os lábios da vagina. Billie Holiday não se submeteu a este humilhante ritual. Cantava tão bem que as pessoas lhe davam o dinheiro na mão. Mas o sistema continuou vigorando para as outras e deixou seus traumas sobre ela, como outras formas de segregação que viveu na carne quando começou a excursionar com a orquestra de Artie Shaw, formada só por músicos brancos. As platéias dos estados norte-americanos mais conservadores não admitiam mistura racial em grupos musicais. Se Billie negra teve problemas apresentando-se com a orquestra de brancos de Artie Shaw, não deixou também de ter problemas quando excursionava com a orquestra negra de Count Basie. Seu tom pálido de pele morena, acentuado pelos refletores, induzia o público a acreditar que fosse branca. Muitas vezes ela teve de passar graxa no rosto para escurecer a pele e "passar por negra".

Billie era uma improvisadora nata. Autodidata, não sabia ler música; isso a levava a modificar as letras e, não raras vezes, ela as reescrevia para melhor. "Não agüento cantar a mesma música do mesmo jeito duas noites seguidas", dizia. "Se isso acontece, então não é música – é ginástica ou ordem unida." O crítico Max Jones afirmou que "Billie mostrava aspectos novos de si mesma, da letra e da melodia toda vez que cantava um novo tema. Suas melhores interpretações chegavam como uma revelação". E Henry Pleasants sintetizou: "Sua maneira de abordar uma canção consistia em desmontá-la, para depois a remontar à sua própria imagem."

Muito antes de se falar em "canção de protesto", Billie compôs um tema em que resumia toda a sua indignação diante das injustiças sociais e, particularmente, diante do racismo. Foi "Strange Fruit", baseada num poema do militante esquerdista Abel Meeropol, que escrevia sob o pseudônimo de Lewis Allen. O "estranho fruto", que pende de uma árvore na paisagem do "galante sul" dos Estados Unidos, é nada menos do que o corpo de um negro linchado e enforcado. Diz a letra: "*Southern trees bear a strange fruit, blood on the leaves and blood at the roots, black bodies swinging in the Southern breeze, strange fruit hanging from the poplar trees.*" [Árvores do sul carregam estranhos frutos, sangue nas folhas e sangue nas raízes, corpos negros balançando na brisa sulista, estranhos frutos pendendo do álamo.] Em 1939, quando foi gravada e apresentada no Café Society, o cabaré de sucesso da época, a canção chocou. Com seu tom dramático, era um grito de desespero diante da injustiça e violência do mundo dos homens; não surpreende que tenha abalado as platéias bem comportadas, sido vetada pela Columbia, proibida pela maioria das rádios e gravada por um pequeno selo independente, o Commodore.

Racismo, desamor, conflitos familiares, casamentos falidos, empresários desonestos, policiais corruptos, o inferno da bebida e das drogas – Billie teve de passar por tudo isso para deixar sua marca na música vocal do século XX, imortalizada por mais de 25 anos de gravações. Sua fase mais notável foi aquela (entre 1937 e 1938) em que teve o saxofonista-clarinetista Lester Young como acompanhante. Além de brindarem um ao outro com seus codinomes artísticos – Pres(ident) e Lady Day – Lester e Billie gravaram 49 faixas no breve tempo em que durou a associação artística. Billie dizia: "Nunca penso que estou cantando, mas tenho a impressão de que estou tocando um instrumento de sopro. Tento improvisar como Lester, como Louis Armstrong ou qualquer outro que admiro." Sem dúvida, de todas essas influências, o estilo cool de Lester Young – a incrível sensação de relaxamento muscular e mental que transmite, as frases longas, os retardamentos de ritmo e o uso do silêncio – foi fundamental para o discurso vocal de Billie. Os dois viveram uma autêntica *love story* musical. Depois, cada um seguiu seu caminho. Diz o historiador de jazz Rudi Blesh: "Poderiam atingir altos momentos de felicidade, mas a paz estava além deles. Eram ambos ensimesmados, introspectivos, dolorosamente sensíveis."

Billie Holiday morreu em 17 de julho de 1959, na mesma Nova York em que Lester Young havia morrido quatro meses antes. Como ele, trilhou um longo e árduo caminho para encontrar sua voz singular como intérprete de jazz. No quase meio século decorrido da sua morte, sua vida e sua arte foram esmiuçadas em vários livros, filmes e documentários de tevê. Figura entre o punhado de músicos de jazz que se tornaram objeto de culto e seus discos vêm sendo admirados por sucessivas gerações. Segundo um de seus biógrafos, Robert O'Meally, "a música que gravou possui um poder transcendental e vai durar enquanto as pessoas se importarem com as verdades tristes e bonitas da vida e com a arte duramente conquistada de transmiti-las".

O mais trágico é que Billie Holiday tinha pleno conhecimento de tudo isso. Como escreveu na autobiografia, publicada em 1956, "você não é ninguém nos Estados Unidos até morrer. A partir de então, você é a maior". Diante desta verdade, só lhe restou uma coisa: cantar. Cantar até o fim.

John Coltrane

o profeta dos novos tempos

Com um começo de carreira difícil e hesitante, John William Coltrane (1926-67) não prometia muito até meado dos anos 1950, quando ingressou no famoso quinteto de Miles Davis. Sua folha de serviços incluía passagens pelas bandas de Dizzy Gillespie, Earl Bostic e Johnny Hodges. Ao deixar esta última, em 1953, foi procurar emprego em Filadélfia, tocando principalmente em grupos de rhythm & blues para sobreviver. Criança sensível, era filho único de uma família remediada – o pai alfaiate e a mãe dona-de-casa e costureira, mas ambos com dotes musicais: o pai tocava violino e guitarra, a mãe cantava e tocava piano. Seus avôs paterno e materno eram pastores metodistas e o pequeno Coltrane misturou todas essas influências em tenra idade: a música de igreja, o blues rural da Carolina do Norte, o Swing das grandes orquestras que passavam pela cidade, as músicas populares e o jazz que ouvia pelo rádio.

Em torno dos 30 anos de idade, Coltrane parecia já no fim da linha. Bebendo muito e viciado em heroína, às voltas com problemas físicos e emocionais, as dores intensas no estômago e nos lábios quase o impediam de tocar. Tudo mudou em 1955, quando Miles Davis o convidou para integrar seu quinteto: o posto de saxofonista ficara vago com a saída de Sonny Rollins. Coltrane adaptou-se admiravelmente ao grupo de Miles. Como Rollins, tinha um sopro vigoroso e carregado de adrenalina, mas seu som era mais limpo, quase metálico, e o fraseado ainda mais brusco e entrecortado. Possuía uma capacidade incrível de dissecar um tema, descarnando-o até o esqueleto. A primeira impressão que causou – como é o caso de todos os inovadores – foi a de que algo errado estava acontecendo. Seu estilo de improvisação foi chamado de "*sheets of sound*" – lâminas ou lençóis de som – fazendo de sua linha melódica uma massa contínua e não apenas uma sucessão de notas isoladas. Coltrane modificava a seqüência harmônica dos temas, comprimindo, no espaço de um acorde, três ou quatro acordes. Era um procedimento mais comum entre os pianistas, mas exigia dos saxofonistas a improvisação a velocidades incríveis de até 1.000 notas por minuto. Essa velocidade, por sua vez, acarretou a fragmentação rítmica que marca o "discurso" de Coltrane nessa fase específica. Quando interpretava baladas de envolvente lirismo, o saxofonista explicitava melhor seu método – era como se a sua improvisação rolasse em câmara lenta e se tornasse mais fácil de entender.

Ainda assim, Coltrane chocou os ouvidos mais convencionais e demorou a ser aceito. Para o público mais atento, a crítica e os demais músicos, formava a parceria perfeita com Miles. Mas a magia só funcionava no palco. A partir do momento em que deixavam de tocar, eram duas personalidades distintas, quase opostas. "Tínhamos estilos de vida diferentes", disse Miles, que gostava de se divertir quando não estava trabalhando. "Ele quase não saía e voltava para o quarto de hotel para praticar. Era como se tivesse uma missão a cumprir." Outro aspecto de

Coltrane que incomodava Miles eram seus longos solos. Como os *sets* de apresentações raramente ultrapassavam uma hora, Miles não sabia o que fazer com os solos de quase meia hora do seu saxofonista. Certa vez perguntou: "Cara, por que levou tanto tempo solando?" E Coltrane: "Precisei do tempo para colocar tudo o que tinha a dizer." Em outra ocasião, Miles interpelou: "Por que não toca 27 *choruses* em vez de 28?" Coltrane justificou-se: "Fiquei envolvido com essa coisa e não sabia como parar." E Miles: "Por que não tenta simplesmente tirar a boca do saxofone?" Foram dois anos intensos no quinteto de Davis, até 1957, um ano crucial para Coltrane. Teve uma breve mas frutífera participação no grupo de Thelonious Monk, figurou em 21 gravações importantes e foi para Filadélfia se livrar do vício da heroína. Nas notas de capa do álbum *A Love Supreme*, de 1964, Coltrane diz que "no ano de 1957 experimentei, pela graça de Deus, um renascimento espiritual que me levaria a uma vida mais rica, plena e produtiva". Foi também nesse ano que ele encontrou dois dos três músicos que integrariam seu quarteto ideal: o pianista McCoy Tyner e o baixista Jimmy Garrison (o baterista seria Elvin Jones, uma verdadeira máquina polirrítmica).

Entre 1958 e 1960, Coltrane voltou a trabalhar com Miles, dessa vez no sexteto com o sax-alto Cannonball Adderley e o pianista Bill Evans, que gravaria a obra-prima *Kind of Blue*. Esse trabalho abriria o caminho para as experiências de Coltrane com a música modal, incursionando por outras linguagens como o flamenco (*Olé*), a música africana (*Africa Brass*, *Kulu Sé Mama*) e a indiana (*Om*). Coltrane e McCoy Tyner chegaram a ter um álbum programado com o sitarista Ravi Shankar, mas o projeto não vingou. A amizade sim: Coltrane deu a seu filho saxofonista o nome de Ravi.

Em fevereiro de 1960, ele comprou um sax-soprano e três meses depois já o tocava na sua primeira temporada como líder numa casa de jazz do Village, em Nova York, depois de se "emancipar" de Miles Davis. Até então, o instrumento era associado ao som mais tradicional de Sidney Bechet, morto em 1959, e feudo quase exclusivo do vanguardista Steve Lacy, prestigiado pela crítica e pelos colegas, mas quase desconhecido do público. Em pouco tempo Coltrane dominava o soprano – com seu timbre seco que soava quase como um oboé – e parecia obter com ele maior velocidade e flexibilidade do que com o sax-tenor.

Com o quarteto a postos, o soprano bem calibrado, só faltava a Coltrane um tema que servisse como uma espécie de cavalo de batalha, ou cobaia do seu laboratório de sons. Ele o encontrou numa canção de um musical que fazia sucesso na Broadway, *The Sound of Music* (só em 1965 transformado em filme de sucesso, *A noviça rebelde*). Era um tema em ritmo de valsa, "My Favorite Things", uma bela melodia de Richard Rodgers acoplada a uma letra igualmente bela de Oscar Hammerstein II, poesia pura, narração cinematográfica, num inglês intraduzível: "*Girls in white dresses with blue satin sashes/ snowflakes that stay in my nose and eyelashes/ silver white winters that melt into spring/ these are a few of my favorite things.*" Literalmente: "Meninas em vestidos brancos com cintos de cetim azuis/ flocos de neve sobre meu nariz e minhas sobrancelhas/ invernos em branco e prata que se derretem na primavera/ estas são algumas de minhas coisas favoritas." E, na versão mais livre de Cláudio Botelho para a montagem brasileira de 2008: "Gota de chuva, bigode de gato/Laço de fita, cordão de sapato/Flor na janela e botão no capim/Coisas que eu amo e são tudo pra mim." Coltrane seguiu a regra de ouro de Lester Young – de que o improvisador devia ter sempre em mente a letra da canção – apenas em parte; seu solo foi muito além de mera transcrição, desconstruindo e reconstruindo o tema.

O acaso desempenhou um papel na escolha do tema. "My Favorite Things" chegou às mãos de Coltrane no meio de uma pilha de partituras trazidas por um freqüentador do clube do Village onde ele se apresentava com um trio que não o satisfazia. Em outubro de 1960, com o quarteto completo, Coltrane gravou finalmente a versão definitiva da canção. Tyner descreve o quarteto: "Aquele grupo era como quatro pistões num motor. Trabalhávamos todos para fazer o carro andar." O introvertido Coltrane não dava instruções, deixava funcionar livremente a intuição dos músicos. Diz Tyner: "A música era simples e complexa ao mesmo tempo. Fazia lembrar a própria vida." No álbum *My Favorite Things*, lançado em março de 1961, Coltrane aparecia na capa empunhando o sax-soprano, sinalizando, no novo instrumento, um novo caminho. O curioso é que essa obra-prima já nasceu pronta. Na caixa completa das gravações de Coltrane para a Atlantic vários temas aparecem com versões alternativas, mas só há uma de *My Favorite Things*, a primeira e única, com a duração de 13 minutos 41 segundos. Nas apresentações ao vivo, Coltrane costumava expandir esse tempo às vezes para trinta a quarenta minutos. Em certas ocasiões – em apresentações ao vivo e turnês –, o quarteto era acrescido do genial flautista, saxofonista e clarinetista Eric Dolphy, com sua aparência de príncipe etíope, alma-irmã de Coltrane na esfera da música, ou na "música das esferas".

Em seus últimos anos, música e misticismo religioso se entrelaçam no jazz de Coltrane e o levam a transcender as fronteiras do espetáculo para se tornar uma espécie de profeta dos novos tempos. (Existe há trinta anos em São Francisco uma Igreja Africana Ortodoxa de São John Coltrane.) A síntese da sua arte nessa fase final é o álbum *A Love Supreme*, uma suíte em quatro partes (Reconhecimento, Resolução, Perseverança, Salmo), gravada em 9 de dezembro de 1964 no estúdio do engenheiro de som Rudy Van Gelder em Nova Jersey, com Tyner, Garrison e Jones. Os álbuns *Kind of Blue* e *A Love Supreme* mereceram um livro cada, de Ashley Kahn, ambos lançados recentemente no Brasil. Reportando-se à sua iluminação espiritual em 1957, Coltrane disse que, "naquela época, em gratidão, humildemente pedi que me fossem dados os meios e o privilégio de tornar as pessoas felizes através da música". Miles Davis não estava errado quando mencionou que Coltrane perseguia uma "missão". Sua morte prematura aos 40 anos, em 1967, chocou toda uma legião de fãs e discípulos, mas sua música continua, passados quarenta anos, vital como sempre, fazendo dele uma das vozes mais marcantes do jazz moderno.

Ornette Coleman

o saxofonista que implodiu o jazz

Quinze anos depois do surgimento do bebop, outra revolução sacudia o jazz. Dessa vez, o novo som não era fruto de uma "escola", mas a invenção de um homem só, em todos os sentidos: Ornette Coleman. Nascido em Fort Worth, Texas, em 1930, criado por uma mãe pobre que o convenceu a trabalhar desde cedo para comprar (de segunda mão) o saxofone que tanto queria, Coleman, depois de sobreviver durante quase dez anos em Los Angeles como porteiro, babá e ascensorista, conseguiu gravar um disco (*Something Else!!!!*) em fevereiro de 1959 e se tornou, da noite para o dia, a figura mais controvertida na história do jazz.

Autodidata, Ornette tocou inicialmente sax-tenor em bandas de rhythm & blues, das quais era demitido invariavelmente sob a queixa de que estava tocando muito jazz. No entanto, ao se defrontar com músicos de jazz de verdade, era igualmente rejeitado. Ou o deixavam sozinho quando subia ao palco ou faziam como Dexter Gordon, que o expulsou sumariamente da cena numa noite. Alegavam que Ornette não conhecia bem os acordes e desafinava. Coleman lembra: "Eu sabia que não era bem isso, mas sabia também que havia algo errado em minha música. E não conseguia descobrir o que era." Ao mesmo tempo, ele fazia a ressalva:

> *Eu tentava improvisar, tocar exatamente o que eu achava que era improvisação – não o que outra pessoa achava. E era demitido e rejeitado – mas eram sempre os músicos que me rejeitavam, não o público. Emocionalmente, o público sabia o que eu estava fazendo.*

Com um trompetista de 19 anos chamado Don Cherry, que tocava um modelo reduzido, o pocket trumpet, e outros músicos, Ornette começou a ensaiar numa garagem e a se apresentar esporadicamente nas boates de Los Angeles. Uma noite, foi ouvido pelo baixista Red Mitchell, que o recomendou a uma gravadora independente, a Contemporary. O primeiro álbum de Ornette, *Something Else!!!!*, caiu como uma bomba e provocou imediatamente um grande racha no cenário do jazz. Não havia meio-termo: ou se era visceralmente contra ou visceralmente a favor da sua música. Dizzy Gillespie foi taxativo: "Não sei o que ele está tocando, mas não é jazz." Monk foi sintético como seus solos: "Cara, aquele sujeito é maluco!" Miles Davis aprofundou: "Do ponto de vista psicológico, este homem está totalmente destruído por dentro." Charles Mingus foi mais perceptivo:

> *Não importa a tonalidade em que ele toca, tem um som percussivo, como um cara com uma porção de bongôs. Trouxe algo – não é novo. Não posso dizer quem iniciou isso, mas as pessoas não prestaram atenção. É como não ter nada com aquilo que o cerca e estar dentro do seu próprio mundo. Não se pode definir o que ele está fazendo. É como desorganização organiza-*

da, ou tocar errado de uma maneira certa. E isso pega a gente emocionalmente, como um baterista.

Os arranjadores foram mais favoráveis. Gil Evans disse: "Gosto dele. Tem suingue e uma boa percepção da melodia." E Gunther Schuller:

Sua maneira de tocar tem uma lógica interna profunda, baseada nas sutilezas da reação, sutilezas de andamento e colorido que são, a meu ver, bem novas no jazz. Pelo menos nunca apareceram de uma forma tão pura e direta.

Curiosamente, Ornette agradou, em alguns casos, a músicos de todas as gerações. O veterano trompetista Roy Eldridge disse: "Eu o ouvi de todo jeito, ouvi em estado etílico e totalmente sóbrio. Cheguei até a tocar com ele. Acho que tem um tremendo suingue, meu irmão." E o pianista Herbie Hancock:

É um homem de grande convicção, um pioneiro sempre seguindo em frente no caminho que escolheu, um abridor de trilhas para todos nós. Eu não tocaria o que toco se não existisse Ornette Coleman.

John Lewis, pianista e cérebro do Modern Jazz Quartet, ouviu Coleman e afirmou que ele estava "fazendo a única coisa realmente nova no jazz desde as inovações de Parker, Gillespie e Monk em meado dos anos 1940". Nem todos tinham a clarividência musical de Lewis para aceitar um jazz que não improvisava sobre os acordes e que abolia toda métrica regular, subvertendo o próprio princípio rítmico. Além do mais, suas melodias soavam feias e sinistras, como se as notas não combinassem entre si.

O novo estilo – que propunha uma liberdade absoluta e a abolição de todas as formas estabelecidas – foi batizado de "Free Jazz" e este foi o título do álbum-manifesto do movimento, confrontando dois quartetos, dispostos dos dois lados do som estereofônico, com dois saxofones, dois trompetes, dois contrabaixos e duas baterias (Ornette aboliu o piano). Como a tela *White Light* do expressionista abstrato Jackson Pollock, que ilustrava a capa do álbum, a música free buscava formas produzidas ao acaso, unindo-se para compor um todo coerente. Era como se Ornette denunciasse que a improvisação do jazz até então não tinha sido realmente espontânea, mas uma série de padrões preestabelecidos, camuflados como improvisação, e instigasse o músico a partir, finalmente, para uma verdadeira improvisação, totalmente livre de regras.

O crítico Robert Palmer, nas alentadas notas para a caixa de seis CDs *Beauty Is a Rare Thing: The Ornette Coleman Quartet's Complete Atlantic Recordings*, lançada em 1993, encontra um método na "loucura" do saxofonista:

> *Coleman declara sua proposta inicial – ou tema musical pré-composto – e então desenvolve essa proposta por meio de uma série de cláusulas dependentes, cada uma levando à seguinte. Existem cadeias de exposição e elaboração, mas raramente um sentido de resolução final. É como se o ar estivesse cheio de palavras, ou melodia, ou "matéria mental", e as dissertações de Coleman fossem uma transcrição necessariamente parcial. Outra maneira de encarar a música de Ornette seria compará-la a um ato de corda bamba sem uma rede de segurança. E nessa situação, quanto mais pessoas você tem na corda bamba, mais você namora com o desastre.*

O jazz estava feliz e em paz com os seus cânones, na década de 1950, quando surgiu Ornette Coleman – o desmancha-prazeres, o verme na maçã, a mosca na sopa – para acabar com a festa. Enquanto seu saxofone, berrante em todos os sentidos – era um modelo barato, de plástico branco –, desestruturava internamente o jazz, este era ameaçado externamente por outros sons que lhe roubavam o público: o rock 'n' roll de Elvis, o folk-rock de Bob Dylan, o rock dos Beatles e dos Stones, o soul de Ray Charles e Aretha Franklin e a bossa nova. Para sobreviver, os jazzistas partiram para as "fusões" – com a bossa (Stan Getz), com o rock (Miles Davis) –, enquanto os mais radicais aderiam ao free e davam sua própria contribuição a ele, como os tenoristas "raivosos" dos anos 1960; John Coltrane, em sua incursão político-religiosa; Archie Shepp, Pharoah Sanders e Albert Ayler, viajando em longos solos indigestos de mais de meia hora.

O próprio Ornette quase viu passar sua hora. Mas, como seu som assumia as estruturas do caos, ele prosseguiu no seu processo de "desconstrução". Começou a diversificar sua música, tocando trompete, violino e sax-tenor, além do sax-alto; compôs a trilha sonora de vários filmes experimentais; pesquisou e tocou a música das montanhas do Marrocos, a "joujouka"; absorveu certas influências do rock e eletrificou sua banda, com a guitarra elétrica de James Blood Ulmer e um baixo elétrico; gravou com os guitarristas Jerry Garcia, do Grateful Dead, e Pat Metheny, representante da nova vertente do folk-jazz; tocou e gravou com orquestras de câmara e sinfônicas; seu último CD, *Sound Grammar*, foi eleito o melhor álbum de 2006 pela *Jazz Times* e indicado para o Grammy de 2007, que premiou Ornette com um Lifetime Achievement Award. Conquistou também nesse ano o Prêmio Pulitzer de Música, que o elevou ao Olimpo dos compositores "sérios" como Aaron Copland, Charles Ives, Samuel Barber e Virgil Thompson. Coleman estabeleceu um novo conceito, a música "harmolódica", que vem explicando detalhadamente nas últimas décadas sem que muita gente a entenda.

A afirmação da individualidade num mundo massificado talvez seja o conceito-chave para se entender a música de Ornette Coleman. Em suas próprias palavras:

> *Comunismo, socialismo, capitalismo e monarquia no mundo mudaram e estão mudando em favor de uma relação mais verdadeira da democracia do indivíduo. Toda pessoa que teve uma experiência democrática por nascimento ou passaporte sabe que não existem ódios ou inimigos na democracia, porque todo mundo é um indivíduo. Aprender, fazer, ser – tudo isso é parte do diálogo para aperfeiçoar, proteger e cuidar da crença da existência como uma individualidade em relação a todos os demais, física, mental e espiritualmente – o conceito do eu.*

Aprendendo a liderar

O jazz sempre enfrentou problemas terríveis de organização. Dentro de um grupo musical – qualquer que seja seu tamanho, de trio rítmico a big band de vinte pessoas –, como conciliar disciplina e ego? O improvisador é, antes de tudo, um individualista. Detesta obedecer regras e se mostra, na maioria das vezes, avesso às ordens de comando. A tarefa do líder de orquestra, portanto, é particularmente difícil e ingrata no jazz. Nos primeiros tempos, a solução encontrada em Nova Orleans foi a "improvisação coletiva", uma fórmula mágica que soube equilibrar admiravelmente individualismo e organização. Com a ascensão do arranjo e das grandes orquestras, o individualismo teve de ceder à música estruturada quase como a linha de montagem de uma fábrica, com breves espaços para solos de rotina. O bebop, novamente, resgatou a coexistência pacífica de organização e individualismo, com seu formato típico: exposição do tema, uma composição original baseada nos blues ou na grade harmônica de algum standard, seguida de solos de trompete e/ou trombone, saxofone, piano, ocasionalmente um breve interlúdio de baixo e/ou bateria e, em certos casos, a prática da "troca de compassos" (o *trading fours* ou *trading eights*), ou seja, trompete, saxofone, piano (ocasionalmente bateria) alternando-se em improvisações de quatro ou oito compassos; e, finalmente, a retomada do tema. O hard-bop, ou pós-bop, traria mais elasticidade a essa fórmula relativamente rígida, e graças ao advento do LP, na virada dos anos 1940 para 1950, romperia a barreira dos três minutos e se entregaria a improvisações mais extensas, prolongando-se às vezes a até dez minutos.

Ao contrário das big bands – em que a figura do líder precisava exercer certa autoridade –, essas formações menores eram encabeçadas por músicos altamente individualistas que exerciam sua liderança com pouca ou nenhuma pressão. Lester Young, por exemplo, cativava seus "liderados" agindo como um simples colega de banda. Conta o pianista Junior Mance, que trabalhou com ele:

> *Não tinha jeito de band-leader. Saía com todos nós. Morava num hotel de músicos, na rua 44. Quando tinha de viajar para a Europa, deixava dinheiro para nos sustentar, e quando voltava, não cobrava de volta. No palco, dava espaço para todos solarem igualmente. E, na estrada, batia toda manhã à nossa porta no hotel para saber se estava tudo bem. Fazíamos longas caminhadas. Nunca falava de música. Nunca ensaiávamos. Simplesmente tocávamos.*

Com sua gíria particular, Lester divertia e ao mesmo tempo orientava seus companheiros de banda, como um velho mestre zen com os seus jovens monges. O baterista Max Roach conta: "Ele tinha diversas maneiras de falar as coisas, e aquilo nos ajudava em nosso trabalho musical."

Miles Davis, com sua índole individualista exacerbada ao extremo, parecia praticamente improvável como líder. Mas soube arregimentar os melhores músicos – negros e brancos – na sua primeira grande empreitada, a série de gravações que ficaria conhecida como *Birth of the Cool.* A partir daí, a colaboração com o arranjador canadense Gil Evans marcaria uma importante fase de sua obra: as gravações em solo com grande orquestra que começariam com o álbum *Miles Ahead* em 1957 e se estenderiam até *Quiet Nights*, em 1962, passando por *Porgy and Bess* e *Flamenco Sketches*. Mas Miles ficaria ativo ao longo de toda a década de 1950 com seus quintetos e o sexteto que incluiu os saxofonistas John Coltrane e Cannonball Adderley e o pianista Bill Evans, e produziu o que pode ser considerado seu álbum mais importante, *Kind of Blue.* A chave de sua liderança residia na capacidade de escolher os músicos certos e integrá-los numa dream band. Uma das marcas dos quintetos foi o toque magistral do baterista Philly Joe Jones. E Miles tinha tanto orgulho da sua escolha que afirmou certa vez: "Estou me lixando se ele subisse ao palco só de cueca ou apenas com um braço, contanto que estivesse ali. Ele possui a chama que eu quero." Miles usou a mesma justificativa para a escolha do branco Bill Evans como seu pianista: "Bill tinha aquele fogo brando que eu adorava ao piano. A maneira de tocá-lo, o som que obtinha, eram como notas cristalinas de água borbulhante despencando de uma cascata." Outra atitude corajosa de Davis foi rebater as críticas de que havia contratado um pianista branco.

> *Muitos negros acham que, como eu tinha o melhor grupo de jazz e pagava mais, devia ter um pianista negro. Não embarco nesse tipo de merda; sempre quis ter os melhores músicos no meu grupo e não me importa se são negros, brancos, azuis, vermelhos ou amarelos.*

Ironicamente, Miles criticaria depois Bill Evans de só contratar brancos para seus trios, esquecendo que ele usara uma série de bateristas negros, como Philly Joe Jones e Jack DeJohnette. Bill Evans, temperamento introvertido, conseguiu demonstrar uma característica de liderança ao redesenhar totalmente o trio rítmico piano/contrabaixo/bateria. Na fórmula tradicional, o pianista era a grande estrela e o baixo e a bateria meros acompanhantes. Evans estabeleceu uma maneira de tocar em que piano, baixo e bateria interagiam o tempo todo, numa espécie de releitura moderna da improvisação coletiva de Nova Orleans, sem nenhuma hierarquia para o piano em detrimento do baixo e da bateria.

O folclore do jazz é rico em anedotas sobre demissões. Count Basie, depois de esperar por Lester Young mais de duas horas para uma gravação, o mandou embora. Alguém conseguiu contatar Lester por telefone e colocá-lo na linha para falar com Basie: "Cara, você sabe que eu nunca gravo discos no dia 13." Dois anos e meio depois, Basie ficou sem um saxofonista para uma gravação, alguém localizou Lester e o mandou aparecer no dia seguinte a tantas horas no estúdio tal. No momento aprazado, Lester compareceu com seu saxofone com a maior naturalidade, como se tivesse apenas saído para ir ao banheiro por alguns minutos.

Um exemplo drástico de liderança foi dado certa vez por Jelly Roll Morton durante uma gravação em Chicago, em 1923. O trombonista Zue Robertson simplesmente se recusava a tocar um dos temas do jeito que Morton queria. Jelly Roll sacou um revólver do bolso e colocou-o em cima do piano e Zue tocou a melodia nota por nota.

O autoritarismo nunca funcionou no jazz. A autoridade, na maioria das vezes, foi exercida por meio do exemplo do líder, da sua capacidade de persuasão, do companheirismo e de muitos outros expedientes subjetivos que envolvem uma mistura de tato, diplomacia, respeito e até amor ao próximo. Duke Ellington foi uma das figuras do jazz que melhor souberam exercer esse toque sutil de liderança. O contrabaixista Charles Mingus teve certa vez a oportunidade sonhada de tocar na orquestra do seu ídolo, Duke Ellington. Mas, pavio curto, travou logo uma briga com o trombonista Juan Tizol, que o perseguiu com um facão no momento exato em que Duke dava o sinal para a banda atacar "Take the A Train" e as cortinas do Apollo Theater subiam. No final do show, Duke chamou Mingus e o dispensou da maneira mais suave e diplomática possível. O próprio Mingus relata, em sua autobiografia:

> — *Veja bem, Charles – diz Duke, parecendo se divertir, colocando abotoaduras Cartier nos punhos de sua bela camisa feita a mão –, podia ter-me avisado com antecedência, você me roubou o show totalmente! Pelo menos podia ter-me dado a deixa com alguns acordes enquanto executava aqueles passos de Nijinsky. Dou-lhe os parabéns pelo desempenho, mas por que você e Juan não me avisaram sobre o adágio que planejavam executar para que eu o colocasse em partitura? Devo dizer que nunca vi um homem grande tão ágil, nunca vi ninguém dar saltos tão tremendos! A cambalhota por cima do piano carregando o contrabaixo foi colossal. Quando você deixou o palco, pensei: "Aquele homem está realmente com medo da faca de Juan e, na velocidade em que partiu, já deve estar em casa na cama a essa altura." Mas, não, você voltou pela mesma porta com o baixo ainda intacto. Por um momento tive a esperança de que tivesse decidido tocar, mas, em vez disso, você cortou ao meio a cadeira de Juan Tizol com um machado de incêndio! Realmente, Charles, isso é muito destrutivo. Todo mundo sabe que Juan tem um facão, mas ninguém jamais o levou a sério. Gosta de puxar o facão e mostrar às pessoas, entende? Por isso eu receio, Charles, nunca demiti ninguém... mas vai ter de deixar a minha banda. Não preciso de novos problemas. Juan é um velho problema, posso lidar com ele, mas você parece trazer uma sacola cheia de truques novos. Devo pedir-lhe que faça a gentileza de apresentar sua demissão, Mingus.*

> *Da maneira encantadora como formula a coisa é como Duke lhe estivesse fazendo um elogio. Sentindo-se honrado, você aperta a mão dele e se demite.*

Os perfis que se seguem, dão uma idéia da trajetória de jazzistas que, além de se dedicarem à música, souberam exercer como poucos a arte da liderança.

Duke Ellington

um clássico afro-americano

Dois músicos definiram bem a essência da arte de Edward Kennedy *Duke* Ellington (1899-1974). André Previn, o versátil pianista que conseguiu conciliar o jazz e o erudito, afirmou:

> *Stan Kenton pode parar diante de mil violinos e de mil metais e fazer um gesto dramático, e qualquer arranjador saberá transcrever imediatamente sua música. Mas Duke simplesmente ergue um dedinho e três saxofones fazem um som que ninguém conseguirá decifrar ou imitar nunca.*

E Billy Strayhorn, parceiro de Ellington de 1938 até morrer, em 1967:

> *Ellington toca piano, mas seu verdadeiro instrumento é sua orquestra. Cada membro de sua banda é para ele uma cor tonal e um bloco de emoções que ele mistura com outros igualmente distintos para produzir uma terceira coisa, que eu gosto de chamar Efeito Ellington.*

> *Às vezes, essa mistura ocorre no papel e, freqüentemente, no próprio palco, durante uma apresentação. Já o vi muitas vezes trocar partituras no meio de uma peça porque o homem e a partitura não combinavam. A principal preocupação de Ellington é com o músico individual e com o que acontece quando vários indivíduos juntam suas personalidades musicais.*

Duke Ellington é um personagem atípico na história do jazz. Não nasceu em Nova Orleans, nem na pobreza, mas em Washington, D.C., numa família em boa situação econômica, apesar de sua origem negra. Seu avô e seu pai eram prestigiados mordomos que trabalhavam na Casa Branca e em festas nas Embaixadas da capital dos Estados Unidos. Mas a música estava por perto, no piano da mãe, embora o menino não desse muita atenção às primeiras aulas, aos 7 anos. Adolescente, Ellington preferia as artes aplicadas e pretendia seguir a carreira de arquiteto. Alguns críticos atribuem a esse interesse pelas artes o colorido tonal de suas composições, muitas intituladas com nomes de cores – "Azure", "Magenta Haze", "Sepia Panorama", "Crescendo in Blue". Mesmo por caminhos tortuosos, Ellington acabou encontrando a verdadeira vocação: aos 20 anos, em 1919, já ganhava mais de 150 dólares por semana tocando em bailes e festas com uma pequena banda.

Ele conta como tudo começou, quando tinha 17 anos:

> *Eu teria a oportunidade de tocar numa festa contanto que aprendesse "Siren Song". Passei o dia todo decorando a música. Quando subi ao palco, vi que era uma orquestra profissional, começaram a me falar de acordes, pensei: "Em poucos minutos vou me ferrar!" Então, alguém pediu "Siren Song", e comecei a dedilhar a canção. Eu tinha visto muitas vezes um cara de Nova York tocar em Washington fazendo figuração, uma espécie de truque de arremessar as mãos para lon-*

ge do teclado ao tocar. Fiz a mesma coisa e de repente a garotada da platéia estava de pé, aos urros, aplaudindo e pedindo mais.

Duke atribuiu seu sucesso como band-leader a um aguçado sentido de marketing: comprou o maior espaço na seção de anúncios na lista telefônica de Washington, na rubrica "Orquestras". Daí foi um pulo para o reconhecimento, não só como músico, mas como uma autêntica celebridade do século XX. A essa altura ele já ostentava o apelido, por motivos óbvios: vestia-se e agia com rara elegância, falava bem e tinha adquirido o estilo sofisticado que o acompanharia para o resto da vida. Tudo isso, em parte, por influência do pai, que, mesmo como serviçal, circulava pelas altas rodas da capital do país.

A carreira de Ellington foi uma seqüência de sucessos, com raros fracassos, prontamente superados. Nem sempre foi fácil atender ao lado administrativo da profissão (salários, impostos, contratos, royalties etc.) e, ao mesmo tempo, criar uma música de primeira qualidade. Mas Duke conseguiu o milagre. O simples fato de ter mantido uma grande orquestra por seis décadas (dos 1920 aos 1970) foi uma proeza. Sua primeira visita a Nova York, no início de 1923, não deu em nada, mas, seguindo o conselho do pianista Fats Waller, mudou-se para Nova York no final do ano, com a banda do banjoísta Elmer Snowden, The Washingtonians. Entre 1923 e 1927, o quinteto aumentou para uma banda de dez músicos e depois 12. Nessa época os jovens brancos ricos – os "belos e malditos" na definição do romancista Scott Fitzgerald – haviam descoberto os encantos obscuros do Harlem. Ainda vigorava a Lei Seca (1919-33) e nunca se bebeu tanto, nos *speakeasies*, bares que serviam a bebida clandestina, geralmente em xícaras de chá – só para salvar as aparências, pois a polícia sabia de tudo, mas era conivente e corrupta. A estréia de Duke no Cotton Club, em 1927, foi uma data histórica. A grande noite costumava ser a de domingo, e todas as estrelas do mundo, de passagem por Nova York, além das celebridades locais, compareciam. Foi no Cotton Clube que Ellington criou o revolucionário jungle sound, o "som da selva", puxado pelo trompete *wah-wah* de Bubber Miley e pelo trombone de Joe "Tricky Sam" Nanton, mestres na arte de entortar as notas com a utilização de surdinas que incluíam, no caso do trombone, o uso criativo de chapéus e desentupidores de pia. O jungle sound de Ellington foi para a música o equivalente da arte africana absorvida na pintura de Picasso.

Já em 1931, Ellington dividia com Louis Armstrong a liderança no mundo do jazz. Ele foi um hábil criador de impressões sonoras. Os franceses tiveram a grandiosidade do mar traduzida em música por Claude Debussy. Ellington concentrou-se no microcosmo de um poço de ventilação de um edifício de apartamentos do Harlem. Ele assim descreveu sua composição "Harlem Air Shaft", de 1940:

> *Acontece muita coisa num poço de ventilação do Harlem. É onde se tem a plena essência do lugar. Acompanha brigas, sente o cheiro do jantar, ouve pessoas fazendo amor. Escuta mexericos íntimos descendo pelo poço. Ouve o rádio. Um poço de ventilação é um grande alto-falante. Vê a roupa lavada do vizinho, ouve os cachorros do porteiro. A antena do vizinho de cima cai e quebra sua janela. Você sente o cheiro de café. Uma coisa maravilhosa, aquele cheiro. Um poço de ventilação tem todos os contrastes da vida. Um sujeito está cozinhando peixe seco e arroz, outro fazendo um magnífico peru. A mulher-do-cara-do-peixe é uma excelente cozinheira, mas a mulher-do-cara-do-peru está estragando a ave. Você ouve pessoas rezando, discutindo, roncando. As pessoas que adoram música barulhenta estão pulando sempre acima de sua cabeça, nunca embaixo. Tentei colocar tudo isso em "Harlem Air Shaft".*

Personagem polêmico, sempre em evidência, sempre trabalhando, Duke não foi poupado de críticas ao longo da carreira. As principais são facilmente rebatidas. Reclamam que compôs demais, em detrimento da improvisação, que seria a característica vital do jazz. Acontece que a verdadeira essência do jazz é bem mais complexa: ele não é feito só de solos improvisados, mas de uma amálgama de timbres, ritmos, harmonias, configurações tonais. Já nos anos 1920, Jelly Roll Morton e Fletcher Henderson começavam a se distanciar da improvisação polifônica de Nova Orleans e a aperfeiçoar um jazz mais orquestrado. E Ellington sempre cedeu amplos espaços para os solos improvisados no interior de suas longas peças. Seria tedioso citar todos os seus grandes solistas, mas é bom lembrar as clarinetas de Barney Bigard (espécie de ponte entre Nova Orleans e o novo som) e Jimmy Hamilton, o sax-alto de Johnny Hodges, o tenor de Ben Webster e de seu talentoso sucessor, Paul Gonsalves, o barítono de Harry Carney, a âncora do naipe de saxofones (tocava também a clarineta baixo), os trompetes de Rex Stewart, Cootie Williams, Clark Terry e Ray Nance (tocava também violino e cantava), os trombones de Lawrence Brown, Juan Tizol (autor de "Caravan"), Britt Woodman e Quentin Jackson, o contrabaixo de Jimmy Blanton (que criou uma nova linguagem para o instrumento), as baterias de Sonny Greer e Sam Woodyard. E, é claro, o piano brilhante do próprio Duke.

Houve quem acusasse Duke de ser um "negro de alma branca". Nada mais injusto. Nascido na virada do século, teve de se adaptar a uma sociedade hostil, dançar de acordo com a música. Nenhum músico traduziu melhor o sentimento da "negritude" do que Ellington, que fez de sua orquestra uma espécie de versão afro-americana da orquestra sinfônica, um modelo tão consumado como as melhores sinfônicas do idioma erudito. Ao tocar para presidentes na Casa Branca, não estava mais entrando pela porta dos fundos com o seu pai e avô serviçais, mas pela porta da frente, como um artista consagrado, para apresentar uma música que só ele era capaz de fazer.

Seguem-se outras acusações, de caráter mais íntimo: machista e mau patrão. Duke casou-se aos 19 anos com a vizinha e colega de escola Edna, que lhe deu um único filho, em 1919, Mercer, também músico (trompetista e compositor, que levaria a orquestra adiante até morrer, em 1996). Ellington era um homem atraente e vivia cercado de mulheres. A vida nômade do músico de jazz, sempre na estrada, não só facilitava como induzia ao que se chamava então de "pular a cerca". Mas os relacionamentos extraconjugais de Ellington foram sempre muito discretos. Edna não devia saber das escapadas do marido, mas certa vez lhe cortou o rosto com uma tesoura ou navalha. Duke levou a cicatriz – e detalhes do episódio – para o túmulo.

A acusação de mau patrão é a pior de todas e a menos sólida. Como explicar que um mau patrão conservasse por tanto tempo "funcionários" como os saxofonistas Johnny Hodgers (42 anos na banda) e Harry Carney (47 anos). Com Carney, Duke teve uma relação especial. Enquanto a orquestra viajava em ônibus durante as longas turnês, os dois iam de carro, o saxofonista ao volante com o ilustre passageiro chefe da orquestra ao seu lado. Geoff Dyer especula, em *But Beautiful/A Book About Jazz*:

> *Quantas milhas tinham viajado juntos assim? Harry se perguntava. Um milhão? Some tudo isso a trens e aviões e provavelmente teria uma distância três ou quatro vezes a circunferência da Terra. Provavelmente, não havia duas pessoas no mundo que tivessem passado tanto tempo juntos, ou viajado tão longe, milhões de milhas, talvez.*

Outros recordistas de tempo de serviço com Duke foram o baterista Sonny Greer (32 anos), os trombonistas Juan Tizol (32 anos), Lawrence Brown (28 anos), Tricky Sam Nanton (22 anos), o pianista e arranjador Billy Strayhorn (28 anos), o clarinetista Jimmy Hamilton (26 anos), os trompetistas Cat Anderson (27 anos) e Ray Nance (23 anos).

O trompetista Cootie Williams trabalhou intermitentemente com a orquestra de 1929 a 1970 (41 anos) e recebeu todo o apoio de Ellington quando formou sua própria orquestra. O mesmo com o saxofonista Johnny Hodges, quando fundou (e afundou) sua própria banda. Todos tinham um lugar cativo na orquestra e no coração de Duke. Orgulhoso dos seus grandes solistas, ele promoveu, entre os anos 1940 e 1941, uma série de gravações com um noneto do clarinetista Barney Bigard, um octeto do saxofonista Johnny Hodges e um septeto do cornetista Rex Stewart, participando como pianista em todas as gravações. O sax-tenor Paul Gonsalves não só tocou 24 anos com Ellington, mas compartilhou com ele – e com o ex-trombonista de Duke, Tyree Glenn – alguns dias de comunhão *post-mortem*. Gonsalves, morto em Londres em 15 de maio de 1974, foi removido para a mesma agência funerária de Nova York para onde levaram Glenn, morto em 18 de maio, e Ellington, morto em 24 de maio. Um trio surreal, cada um no seu esquife, na mesma sala, aguardando o momento do enterro. (Harry Carney, que tocou 47 anos com Duke, perdeu o encontro: morreu cinco meses depois.) Um piadista de plantão inventou que na calada da noite a trinca cantarolou a canção mais famosa de Glenn: "Sultry Serenade", também conhecida como "How Could You do a Thing Like That to Me" [Como você pôde fazer uma coisa destas comigo?].

A obra de Duke Ellington é única. Além de compor temas de jazz, suítes, óperas e oratórios, foi um mestre na arte da canção, digno de figurar ao lado dos grandes songwriters americanos como Gershwin, Cole Porter, Irving Berlin, Rodgers & Hart e muitos outros. Basta lembrar algumas de suas baladas como "Sophisticated Lady", "Solitude", "Prelude to a Kiss", "I Let a Song Go Out of My Heart", "In a sentimental Mood" e suas líricas colaborações com Billy Strayhorn: "Lush Life", "Day Dream" e "Passion Flower". A essa altura, avaliando o século XX com um bom distanciamento, pode-se afirmar que Ellington foi um clássico americano, à altura de George Gershwin – ou até mesmo mais fecundo, com mais anos de vida e maior diversidade musical, sem mencionar que bebeu na fonte as raízes afro-americanas que também marcaram profundamente o judeu Gershwin. Não é exagero considerar Ellington um equivalente jazzístico de Bach, Mozart e Beethoven e o grande criador da sinfonia afro-americana.

O trombonista Delfeayo Marsalis – da nova geração nascida nos anos 1960 – paga o devido tributo:

> *Ouvindo Duke, vim a compreender o que se pode fazer prestando realmente atenção às qualidades humanas dos músicos e procurando liberar aquelas qualidades. É por isso que a música de Duke muitas vezes não chega a soar como apenas música; soa como personalidades assumindo vida em nossos ouvidos. Não estou tentando me comparar a Ellington, mas apenas dizendo que ele fez coisas que todos nós podemos utilizar de diferentes maneiras quando fazemos música.*

E Wynton, o trompetista e irmão mais esperto de Delfeayo, arremata:

> *No mundo de Duke Ellington, as pessoas sorriem, dançam e fazem amor. Divertem-se porque a principal preocupação de sua música é com a elevação do espírito humano. É uma música que celebra a liberdade de expressão, a liberdade de escolha. É por isso que a amamos. Essa música nos faz amar o fato de sermos o que somos e nos deleitarmos com a majestade da vida.*

Count Basie

suingue na cabeça

O jazz sempre teve seus nobres e suas cabeças coroadas, desde King Oliver, Earl Hines e Duke Ellington. Por que não haveria um Count Basie? Foi pensando assim que um apresentador de rádio de Kansas City, nos anos 1930, promoveu Basie a conde. Ao lado de Duke, Count liderou uma das mais vibrantes e duradouras grandes orquestras negras do jazz. William Basie (1904-84) nasceu em Red Bank, Nova Jersey. Filho único, aprendeu música com a mãe e depois com "uma maravilhosa senhora alemã chamada Holloway", que cobrava 25 centavos por aula de piano. Na verdade, Basie queria ser baterista, mas desistiu ainda garoto: era sempre derrotado em competições por seu amigo de infância Sonny Greer, que seria depois o grande baterista da banda de Duke Ellington. Sua grande influência foi Fats Waller, que conheceu tocando órgão no poço da orquestra no Lincoln Theatre, na rua 135, no Harlem. Ia vê-lo toda noite, e Waller permitiu um dia que se sentasse ao seu lado para aprender os macetes.

Ainda jovem, Basie saiu pelo país com uma trupe itinerante, tocando piano e fazendo o papel de vilão nos esquetes cômicos. Como era comum naqueles tempos, a companhia faliu no meio da turnê e Basie se viu sem um centavo em Kansas City, Missouri. Kaycee, como os jazzistas a chamavam, era um dos centros musicais mais ativos do país, famoso por suas jam sessions e batalhas musicais. Como outras grandes cidades americanas durante a Lei Seca, a vida noturna era controlada pelos gângsteres com mão de ferro. Nem mesmo o diplomático Basie escapou: desentendeu-se com um dos dráculas locais e foi obrigado a trabalhar duas semanas sem pagamento. Seu primeiro emprego em KC foi num cinema, tocando piano durante a projeção de filmes mudos. Em 1928, entrou para os Blue Devils, de Walter Page, que depois seria contrabaixista em sua orquestra. Em 1935, Basie, Page e o cantor de blues Jimmy Rushing estavam na orquestra de Bennie Moten, uma das melhores da região. Certo dia, Moten foi extrair as amígdalas e morreu durante a cirurgia. Basie juntou os restos da banda e começou uma temporada no Reno Club, com um grupo de nove músicos. Suas apresentações eram transmitidas ao vivo pela rádio W9XBY. O produtor e caça-talentos John Hammond conta como descobriu a orquestra de Basie:

> *Eu rodava de carro sem destino em Chicago. Fazia frio como só faz em Chicago em janeiro. Liguei o rádio. Já era uma hora da manhã e a única emissora que pude pegar era uma rádio experimental de Kansas City. A retransmissão do espetáculo da orquestra de Count Basie no Reno Club estava começando.*

Hammond já conhecia Basie como pianista, mas o som da orquestra o encantou. Imediatamente pegou a estrada para Kansas City a fim de ouvir Basie ao vivo. Com a recomendação de Hammond para uma grande gravadora e o acréscimo de quatro músicos, nasceu em 1936 a orquestra de Count Basie, que atravessaria as décadas seguintes como uma das melhores big bands da América. Uma sofisticada máquina de suingue com sua notável seção rítmica ancorada pela guitarra de Freddie Green. O baterista Jo Jones explicou:

> *A banda de Bennie Moten acentuava o ritmo no 1 e no 3; a de Walter Page fazia a marcação no 2 e no 4. Quando aqueles dois ritmos se encontraram na orquestra de Basie, houve um fluxo contínuo – 1, 2, 3, 4 – como uma bola pulando.*

Como tecladista, Basie fundiu os estilos mais primitivos do piano-jazz e os integrou ao seu fraseado econômico, pontilhado de pausas, em que o ritmo surge como o principal elemento. Na síntese do crítico Nat Shapiro, "para o ouvinte casual, não passa de uma série disforme e espontânea de interjeições, vírgulas, hifens, pontos de exclamação e de interrogação. Mas o piano de Bill Basie é um dos sons mais felizes e mais facilmente identificáveis do jazz".

A banda de Basie era avessa a partituras e muito chegada aos *head arrangements*, "arranjos de cabeça", certas fórmulas orquestrais nascidas espontaneamente durante jam sessions e anotadas mentalmente pelos músicos. O saxofonista Earl Warren lembra que,

> *Quando devíamos gravar em estúdio, quase sempre não havia nenhum arranjo escrito. A coisa rolava como se estivéssemos numa jam session e cada um tivesse de criar um riff (figura rítmica) para apoiar o solista ou o cantor.*

Um dos melhores exemplos de *heads*, como eram conhecidos na gíria, foi o famoso "One O'Clock Jump". Quando terminou a gravação, o produtor perguntou: "Como se chama este?" Basie, que havia acabado de criar o tema, olhou para o relógio, marcando uma hora da manhã, e disse: "One O'Clock Jump." Gunther Schuller, um dos mais renomados arranjadores do jazz moderno, analisou essa prática:

> *Tais "arranjos" geralmente não eram escritos (embora em alguns casos fossem parcialmente escritos ou esboçados em notação), mas montados a partir das idéias (ou a partir das cabeças) de toda uma banda ou talvez de seus principais membros. Muito usado no jazz, esse tipo de arranjo resulta de uma combinação conceitualmente simples, mas tecnicamente complexa, das sugestões dos intérpretes, da elaboração de partituras individuais nos ensaios, de contribuições intuitivamente espontâneas, memorização e, às vezes, do arbítrio final do líder da orquestra em relação a todos esses elementos. Muitos dos melhores arranjos de orquestras, como as de Count Basie e Duke Ellington, foram alcançados desta maneira coletiva e colaborativa.*

No caso de Basie e de sua banda, foram cinqüenta anos de música vibrante nascida da soma das colaborações individuais – meio século de suingue na cabeça.

Benny Goodman

ele embalou o "sonho americano"

Benjamin David "Benny" Goodman (1909-86) viveu uma das mais fascinantes aventuras culturais do século XX: a era das big bands. Filho de imigrantes judeus russos, deu à música norte-americana de origem negra a projeção e dignidade que lhe foram recusadas durante décadas pelo racismo institucionalizado. Além de sua capacidade de organização e liderança, Benny Goodman foi um dos melhores clarinetistas de todos os tempos, e derrubou as barreiras que separavam clássico e popular: sentia-se tão à vontade interpretando um tema de Count Basie como um concerto de Mozart.

Tudo começou no outono de 1921, em Chicago, quando um garoto franzino de 12 anos, vestindo bombachas e segurando o que parecia uma imensa clarineta, subiu ao palco do Central Park Theater numa matinê de sábado para imitar um famoso instrumentista da época. Embora não passasse de uma curiosidade de *vaudeville*, o menino chamou a atenção do baterista e band-leader Ben Pollack. Pouco antes de completar 16 anos, Benny pegou uma mala de papelão e um trem para a Califórnia e juntou-se à orquestra de Pollack, iniciando uma das mais bem-sucedidas carreiras do *showbiz* americano.

Benny é um caso exemplar do "sonho americano". O pai, alfaiate, acreditava que um de seus 12 filhos teria a oportunidade de sair da miséria por meio da arte. O velho David só teve dinheiro para pagar as aulas de música de três filhos, na sinagoga Kehelah Jacob, a 25 centavos a hora – caro, para ele que fazia no máximo 20 dólares por semana. Harry, 12 anos, ganhou uma tuba; Freddie, 11 anos, um trompete, e Benny, 10 anos, uma clarineta. O menino ficou fascinado com os tubos de madeira negra que se encaixavam uns nos outros, as chaves de metal brilhante, os descansos de feltro verde. Vendo que o filho tinha talento, o alfaiate resolveu investir num renomado professor particular de Chicago. Era um alemão da velha escola, de temperamento prussiano, mas sem preconceitos: quem pudesse pagar, tinha aulas. Assim, o judeu Benny Goodman e o negro Buster Bailey tocaram seus primeiros duetos diante do empertigado *Herr* Franz Schoepp, da Sinfônica de Chicago. É um episódio que reafirma o papel da música, particularmente do jazz, na derrubada das barreiras raciais na América do Norte. O jazz e o blues tinham nascido no sul, na região do delta do Mississippi, mas um verdadeiro êxodo das populações negras para o norte acabou levando para Chicago a excitante música originada em Nova Orleans.

Na música negra, uma quantidade de jovens brancos encontrou um encanto e uma vitalidade que faltavam à sua própria cultura. Eram os tempos da Lei Seca: bebidas alcoólicas eram terminantemente proibidas, mas nunca se bebeu tanto. Menor de idade, Benny não podia ir ao bar nos intervalos das apresentações com os outros músicos. Ficava praticando a clarineta. Aí uma das muitas explicações para o seu virtuosismo, que se deveu, no fundo, basicamente ao dom natural somado à perseverança e a uma paixão sem limites pela música. Na orquestra de Ben Pollack, Benny era colega de um trombonista chamado Glenn Miller. Quando Pollack trouxe a banda de volta a Chicago, o irmão de Benny, Harry, encontrou um lugar nela tocando tuba e contrabaixo. Com os outros filhos também empregados, o velho alfaiate pôde finalmente trocar seus botões (a vista já estava falhando) por uma banca de jornais. Adorava trabalhar ao ar livre, sentir o vento gelado da cidade no rosto. David Goodman prometera ir ver os filhos tocando no elegante Southmoor Hotel, mas queria antes comprar um terno novo para a ocasião. Certa noite, quando havia fechado a banca e voltava para o jantar em casa, um carro desgovernado subiu na calçada, o atropelou e matou.

A vida continuou para os Goodman e Benny, seguindo a bússola do jazz, mudou-se para o novo norte magnético: Nova York. Em 1934, morando com a mãe e os irmãos menores, ganhando apenas 40 dólares por semana, se viu diante da grande decisão de sua vida: aceitar uma cômoda posição de assalariado na famosa orquestra de Paul Whiteman ou se arriscar e formar sua própria orquestra. Escolheu o mais difícil e embarcou nos meandros da organização musical. Mas sua estrela era forte e sua orquestra foi escolhida para um importante programa de rádio de difusão nacional: três horas de música, nas noites de sábado, transmitidas por uma rede de 53 emissoras, sob o patrocínio de uma famosa marca de biscoitos. Foi assim que a orquestra de Benny Goodman se tornou conhecida por todo o país e, já em 1937, desencadeava a grande explosão da era do Swing, em sua temporada no Teatro Paramount de Nova York, com jovens dançando desenfreadamente nos corredores da platéia. O band-leader começou a cercar-se de estrelas como o pianista Teddy Wilson, o vibrafonista Lional Hampton – ambos negros – e o baterista Gene Krupa. Músico com um olho voltado para os mecanismos do showbiz, Benny abriu muitas portas para o jazz, conseguindo um feito histórico com o famoso concerto de 16 de janeiro de 1938 no Carnegie Hall, até então um templo exclusivo da música clássica. Com a corajosa atitude de contratar músicos negros – quando as bandas costumavam ser exclusivamente brancas ou negras –, rompeu importantes barreiras sociais.

Mostrou também que a música não tinha fronteiras, ao incursionar com sucesso pelo repertório erudito. Chegou ao requinte de encomendar em 1938 uma peça ao húngaro Bela Bartok – o maior compositor vivo da época –, *Contrastes para clarineta, violino e piano*, que apresentou ao vivo no Carnegie Hall e depois gravou com o violinista Joseph Szigeti e o próprio Bartok ao piano. Além de clássicos como Mozart, Benny gravou também compositores de vanguarda como Hindemith e Stravinsky.

Sua vida pessoal foi marcada em 1942 pelo casamento com uma divorciada de sobrenome aristocrático, Alice Hammond, irmã do crítico John Hammond, descobridor, entre outros, de Count Basie, Billie Holiday, Lionel Hampton e... Benny Goodman. O casal foi retratado romanticamente em tecnicolor no filme de 1955, *The Benny Goodman Story*. (Glenn Miller foi lembrado no ano anterior, em *The Glenn Miller Story/Música e lágrimas*.) Com uma década de atraso, Hollywood homenageava os grandes band-leaders do Swing, que haviam desempenhado um papel fundamental no esforço de guerra. Músicas como "Stompin' at the Savoy" e "In the Mood" fizeram muito mais para levantar o moral das tropas na Segunda Guerra do que qualquer hino marcial.

Com os ouvidos abertos para os novos sons, Benny já em 1948 gravava com luminares do bebop como o trompetista Fats Navarro e o saxofonista Wardell Gray, ambos negros. Soube atravessar com vigor a era do rock e, contratando músicos jovens, projetou sua música através das décadas de 1970 e 1980, sempre alternando-se entre o jazz e o erudito. Quando completou sessenta anos de carreira, em 1981, escrevi que, se dependesse de sua vontade, Benny Goodman morreria com a clarineta entre os lábios tocando uma blue note. Em 13 de junho de 1986, uma sexta-feira, Benny morreu, enquanto ensaiava para um concerto clássico de Brahms. Mas – quem sabe – sua clarineta mágica não tivesse sutilmente encaixado uma nota azul na partitura de Brahms?

Dizzy Gillespie

o maluco-beleza do bop

Considerado o "inventor" do bebop ao lado de Charlie Parker, John Birks "Dizzy" Gillespie (1917-93) lançou as bases do trompete do jazz moderno e tornou-se o modelo estilístico do instrumento, com suas rajadas de notas, de preferência no registro agudo, e a acentuação rítmica ousada que valeria à nova música um nome onomatopaico, "rebop", "bebop", depois simplesmente "bop".

Nascer preto e pobre em Cheraw, Carolina do Sul, em 1917, era dureza. Para Dizzy, o caçula de nove filhos, pior ainda. As surras domingueiras cessaram aos 10 anos: o pai morreu. Bem ou mal, o velho garantia o leite das crianças. Operário de construção, ganhava uns trocados como músico nas horas vagas e nos fins de semana. A casa vivia cheia de instrumentos. Foi essa convivência precoce com a música que salvou Dizzy da marginalidade. Aos 12 anos começou a tocar trombone, e depois trompete, na escola, com tanta garra que ninguém o segurou mais. Ele explicou seu começo musical na autobiografia de 1980, *To Be Or Not To Bop*, 550 páginas de pura confissão:

Como a maioria dos músicos negros, muito de minha primeira inspiração, especialmente em ritmo e harmonia, veio da Igreja. Não da minha – nas metodistas não acontecia muita coisa em termos de música, quase só hinos. Mas a Igreja Santificada tinha um significado profundo para mim. Ali aprendi o sentido do ritmo e como a música pode mexer com as pessoas espiritualmente. Havia pelo menos quatro ritmos diferentes em ação, e quando a congregação se juntava, o número de ritmos aumentava, com batidas de pé, palmas, pessoas recebendo o santo e pulando sem parar sobre o assoalho, que ressoava como um tambor.

Dizzy lembra sua evolução musical:

No colégio, aos 15 anos, como não precisava estudar muito nas outras áreas, comecei a brincar com o piano, e minhas idéias se expandiram muito. Praticava constantemente, a qualquer hora da noite, quando quisesse. Praticava no trompete e depois no piano, e faria isso 24 horas seguidas se não viessem me trancar quando verificavam as fechaduras toda noite. Desenvolvi uma atitude muito séria em relação à música.

Como uma espécie de mecanismo de defesa contra o mundo hostil que o cercava, Dizzy desde cedo foi uma espécie de comediante na linha *nonsense*, misturando ridículo e absurdo, o que lhe causaria alguns problemas de relacionamento quando trabalhava em grandes orquestras. O apelido "Dizzy" (tonto, zonzo) ele ganhou quando o flagraram ensaiando piano e deixando seu lugar vazio no naipe dos metais. Um dos trompetistas perguntou: "Onde anda o Dizzy?" E o apelido pegou, na hora.

A carreira e a vida mudariam para Gillespie ao conhecer Charlie Parker, em 1940. Ele mesmo lembra:

> *Um trompetista amigo me disse um dia, quando passávamos por Kansas City: "Quero que ouça um cara, um saxofonista. Você precisa só ouvir ele tocando o alto." "Corta essa", eu falei. "Um saxofonista? Estou tocando com Chu Berry, conheço Benny Carter, já toquei com Coleman Hawkins e conheço Lester Young." Mas ele trouxe o cara ao hotel mesmo assim e fiquei impressionado com o que aquele sujeito era capaz de fazer. Os caras com os quais eu tocava não chegavam a ser meus colegas, realmente. Quando ouvi Bird eu disse: este é meu colega. Buddy, eu e Charlie subimos àquele quarto de hotel e nos trancamos lá. Ficamos fechados naquele quarto e Charlie Parker tocou. Nunca tinha ouvido aquilo antes, a maneira como ele jogava com as notas. Foi uma de minhas maiores emoções. Eu tinha sido fã de Roy Eldridge até então, mas já vinha tomando meu próprio rumo. Charlie e eu seguíamos praticamente na mesma direção, mas nenhum de nós sabia disso.*

Dizzy lembra os outros nomes dos tempos heróicos do bebop:

> *A contribuição de Thelonious Monk foi principalmente harmônica, e também espiritual, mas Kenny Clarke lançou as bases rítmicas da nova música. Foi o primeiro a fazer acentuações no bombo em pontos específicos da música. Tocava 4/4 muito suavemente, mas a gente podia ouvir os breques e as acentuações no bombo. Fazia o que chamávamos então de "lançar bombas".*

Gillespie foi um hábil organizador e o primeiro a fundir as linguagens do bop e da big band, liderando uma das formações mais vibrantes por muito tempo. Outra importante contribuição sua foi abrir o jazz para a vertente afro-cubana, compondo temas como "Manteca", "Con Alma" e "Tin Tin Deo", e colocando em evidência talentos como os de Chano Pozo, Candido e Tito Puente. A partir do momento em que botou a boca no trompete, aos 13 anos, Dizzy Gillespie não parou mais, e tocou até os seus últimos dias de vida, aos 75 anos. Seu renome foi além das fronteiras do jazz. O maestro Dimitri Mitropolous, da Orquestra Filarmônica de Nova York, afirmou: "Aquele homem! Quando o ouvi pela primeira vez quase morri de emoção." A discografia de Dizzy Gillespie comporta centenas de discos e colaborações com alguns dos grandes nomes da história do jazz. Presença obrigatória no circuito internacional dos festivais de jazz, gravou em Paris ao vivo um CD duplo excepcional com Max Roach, um diálogo apenas entre trompete e bateria. Fundou em 1988 a United Nation Orchestra, de que participaram os brasileiros Airto e Flora Purim e o trompetista Cláudio Roditi; e os cubanos Arturo Sandoval (trompete) e Paquito D'Rivera (saxofone).

Extremamente sensível ao problema do racismo, Dizzy explicou que a adesão de muitos músicos negros ao islamismo foi uma estratégia para fugir da segregação:

> *Quando todos aqueles caras souberam que Idrees Sulieman se tornou muçulmano e podia entrar nos restaurantes reservados somente aos brancos e comprar sanduíches para os outros porque ele não era "negro", apesar da sua pele escura carregada, todo mundo começou a se converter, aos magotes.*

Quando visitou o Brasil pela primeira vez, em 1956, Dizzy fez uma observação perspicaz:

No Brasil ninguém sabe a quantas anda, do ponto de vista racial. Conheci o maior compositor brasileiro, Heitor Villa-Lobos. Seus ancestrais são africanos, portugueses e índios. Os brasileiros reconhecem os sinais da raça, mas não como nos Estados Unidos. Aqui o racismo é escancarado, mas na América do Sul não existe nenhuma política oficial contra os negros. Fiz essa pergunta no Brasil quando visitava o Jockey Club do Rio de Janeiro. Lá notei que havia poucos, muito poucos mesmo, rostos negros. Levantei a questão do preconceito. Negaram que existisse: "Não é uma questão de cor, é uma questão econômica", disseram. Então eu falei: "Vocês devem impedir que o dinheiro chegue às mãos dos negros, porque eles não estão aqui." Mas, geralmente, não há lá nenhuma força negativa atrasando sua vida se você for negro. Conheci um músico chamado Cipó, era negro, e era o principal arranjador num estúdio de televisão. Se o sujeito é qualificado, ele pode subir na vida.

Nos engajados anos 1960-70, um grupo chegou a propor a candidatura de Dizzy Gillespie à Presidência dos Estados Unidos. Ele expõe seu pensamento político:

Nós [da fé Baha'i] acreditamos que os sistemas políticos do mundo que conhecemos estão falidos e haverá um novo dia de atividade política contrapondo-se ao que está acontecendo. Achamos que aspirar a qualquer cargo político nesta época está além do nosso estágio. Bah'u'llah diz que será estabelecido um verdadeiro governo mundial com representantes dos povos de toda a Terra. A doutrina antiquada do nacionalismo tem de caïr e a política não funcionará mais como funciona hoje. É por isso que não tenho aspirações presidenciais, está abaixo do meu estágio aspirar à Presidência dos Estados Unidos. Minhas aspirações vão mais alto. Candidatar-me a presidente de um governo mundial seria mais de acordo com os meus interesses.

Uma cena no filme *Bird* (a biografia de Charlie Parker por Clint Eastwood) define bem a visão responsável de Gillespie em relação à mecânica do racismo nos Estados Unidos. Parker, o saxofonista rebelde, vende o instrumento para comprar drogas e deixa de comparecer a um trabalho. Encontra-se depois com Dizzy, que o interpela:

> *É justamente isso o que eles querem, que você faça o jogo deles e prove que o negro é incompetente e inconfiável. Precisamos é batalhar para provar que somos mais competentes e confiáveis do que eles naquilo que fazemos – música!*

Charles Mingus

a emoção como forma

Poucos jazzistas tiveram uma experiência musical tão intensa e variada como Charles Mingus (1922-79). Criado no gueto negro de Watts, em Los Angeles, estudou trombone aos 8 anos, passou para o violoncelo e depois para o contrabaixo. Tentou estudar música clássica e entrar para uma orquestra sinfônica, mas este era território exclusivo de brancos. O preconceito ditava a regra de que os negros não sabiam ler música. Atuou nas bandas de veteranos como Louis Armstrong e Kid Ory, na orquestra de dança de Alvino Rey – que tocava guitarra havaiana – e na big band de Lionel Hampton. Temperamento explosivo, perdeu a oportunidade de ficar na orquestra do seu ídolo, Duke Ellington, ao se envolver numa briga violenta com outro músico. Ingressou então no seu primeiro grupo de jazz moderno, o trio do vibrafonista Red Norvo, completado pelo guitarrista Tal Farlow. Mas sua música – embora moderna e, por vezes, vanguardista – sempre guardou uma profunda ligação com as raízes. Em sua autobiografia de 1971, *Saindo da sarjeta*, ele conta como a religião marcou sua música:

Meu pai freqüentava a Igreja Metodista; minha madrasta me levava às igrejas santificadas. Meu pai não gostava que ela fosse lá. As pessoas entravam em transe e a reação da congregação era muito mais desinibida e selvagem do que na Igreja Metodista. Havia muito blues nas igrejas santificadas – lamentos e refrões rítmicos e todo aquele tipo de coisa entre a audiência e o pregador.

A música de Mingus está cheia de gritos e interjeições vocais que estimulam os solistas e comentam a ação. Cada composição sua obedece a um tema, conta uma história. Na verdade, Mingus fez uma admirável síntese da música que o precedeu com aquela da sua época – mesclando os sons primais de Jelly Roll Morton, da "sinfônica" afro-americana de Duke Ellington, do toque cool do saxofonista Lester Young, das invenções modernistas de Parker, Gillespie e de Monk – e amalgamando tudo num sólido edifício cimentado por sua criatividade e linguagem pessoais. Em vez de se restringir às formas padronizadas do jazz – as mais usadas, até pelos modernistas mais geniais, eram o blues de 12 compassos e o standard de 32 compassos – ele percorreu o caminho inverso: deixou que sua emoção musical bruta buscasse formas próprias de expressão, chegando às *extended forms* e à sua concepção da "percepção rotativa" em matéria de ritmo, com temas que muitas vezes começam lentos, se transformam aos poucos num furacão, retomam a calmaria, para se agitar de novo, mimetizando o próprio caos que rege a ordem natural das coisas. Ele assim explicou a "percepção rotativa":

Antigamente, usava-se uma palavra: suingue. O suingue seguia uma direção, era linear e tudo tinha de ser tocado com uma pulsação óbvia, o que é muito restritivo. Mas eu uso o termo "percepção rota-

tiva". Se você tiver uma visão mental do beat, da batida dentro de um círculo, estará mais livre para improvisar. As pessoas achavam que as notas tinham de cair no centro das batidas do compasso em intervalos iguais aos de um metrônomo, com três ou quatro homens na seção rítmica marcando a mesma pulsação. Isso parece música de parada militar ou de dança. Mas imaginem um círculo cercando cada batida – cada músico pode tocar suas notas em qualquer parte daquele círculo e terá uma sensação de maior espaço. A pulsação está dentro da gente.

Para implantar sua concepção rítmica, Mingus contou com um baterista notável, Dannie Richmond, que trabalharia com o líder de 1956 até sua morte, em 1979, e continuaria – até morrer, por sua vez, em 1988 – como um dos principais articuladores e integrantes da Mingus Dynasty, a banda que levou adiante a música de Mingus. Os dois mantiveram uma importante relação musical e pessoal ao longo das décadas. Mingus lembra:

Quando conheci Dannie, vários bateristas jovens tinham me arrasado em matéria de tempo e marcação e, além do mais, eram surdos para som e tom. Ele veio a mim com a cabeça totalmente aberta, para eu modelar como argila. Como não tocava bateria, ensinei baixo ao Dannie.

Richmond revela como Mingus lapidou seu talento bruto:

Há quem diga que Charles me ensinou a tocar, o que de certo modo é verdade. Por exemplo, eu nada sabia a respeito de dinâmica. Tocava de um jeito vistoso e queria ser muito veloz. Sabem, era um garoto querendo se exibir. Quando viu isso, Charles começou a me orientar: "Não, em certas passagens você tem de sussurrar; em outras, deve cultivar o caos planejado!" Houve muitas outras lições que aprendi com ele, não só do ponto de vista musical, mas em relação à vida e como fazer certas coisas de certas maneiras. E, também, fazia sempre questão de passar um pouco da sua visão filosófica para mim.

Intelectualizado, Mingus foi um dos raros músicos de jazz que escreveu ele mesmo a autobiografia (a maioria das "autobiografias" de músicos de jazz contou com a ajuda de um *ghost-writer*). Combativo, lutou contra o racismo e contra todas as formas de injustiça. Tentou descobrir o porquê das coisas e foi parar no fundo do poço: além de fazer psicanálise, forçou ele mesmo seu internamento no asilo de loucos de Bellevue, em Nova York, gesto de que se arrependeria em pouco tempo: um psiquiatra achava que seu caso só podia ser resolvido com uma lobotomia radical. Escapou graças à intervenção do crítico de jazz e amigo Nat Hentoff. Foi no asilo que ele compôs um daqueles seus temas com títulos fluviais e intrigantes: *All the Things You Could Be by Now If Sigmund Freud's Wife Was Your Mother*/ Todas as coisas que você poderia ser agora se a esposa de Sigmund Freud fosse sua mãe...

Outro músico importante que cruzou caminho com Mingus foi o multiinstrumentista Eric Dolphy. Em 1960, os dois iniciaram, no Festival de Antibes/Juan-les-Pins, uma "conversação" musical que tinha a ver com sua relação pessoal na época. Dolphy pretendia largar a banda e tomar outros caminhos; Mingus não aceitava a idéia. Na gravação do álbum *Presents Charles Mingus*, este diálogo – centrado no tema "What Love" – assumiu proporções épicas. São mais de quatro minutos, só os dois tocando, em que Mingus percute o contrabaixo com ferocidade, enquanto Dolphy chega à beira da histeria com os grasnados do clarone (clarineta baixo, um dos instrumentos mais próximos da voz humana). Nat Hentoff, nas notas de capa do disco, traduz os sons trocados pelos dois: "Mingus volta a criticar Dolphy por querer ir embora, Dolphy explica por que precisa ir e pede com empenho que Mingus o entenda e, finalmente, Mingus cede. A volta à melodia é, portanto, resignada – e parte para o rápido adeus."

Assim como Duke Ellington, seu grande inspirador, embora não tivesse uma grande orquestra, mas uma banda média, usando em torno de sete ou oito músicos, Mingus tinha o poder de conservar os mesmos músicos em sua órbita por muito tempo. Jimmy Knepper, um branco, foi seu trombonista "cativo" por muitos anos e também uma voz essencial no colorido tonal de Mingus. Ele explica o método nada convencional de Mingus para ensaiar novos temas com sua banda: "Cantava o tema para nós ou tocava ao piano. E nos ensinava gradativamente, quatro compassos de cada vez. Era um processo que consumia muito tempo, aprender seus temas." Mingus tocava piano e chegou a gravar um álbum solo. Segundo Knepper, essa capacidade era responsável pelo som deliciosamente brusco de algumas passagens em conjunto da banda:

> *Ele, às vezes, fingia seqüências rápidas de notas e buscava as notas mais agudas e você tinha de imaginar o que ele tocava nos intervalos. Não queria que ninguém tivesse sua parte escrita no papel. Queria que você desse sua própria interpretação do tema, ainda que não fosse exatamente o que ele havia composto.*

Mesmo envolvido por suas paixões, Mingus soube domar o caos interno e externo e estruturar sua música usando a própria emoção como forma. Morreu cedo, aos 56 anos, derrotado por uma doença insidiosa chamada esclerose amiotrófica lateral. Nos últimos meses, tentou uma cura alternativa em Cuernavaca, no México, e não quis que seu corpo adubasse a terra hostil da América: cremado, suas cinzas foram jogadas nas águas do Ganges, na Índia. Nat Hentoff escreveu uma espécie de epitáfio: "Charles Mingus tinha o que George Bernard Shaw chamava 'a força vital'. E aquele espírito era forte e insistente demais para ser contido pela mortalidade."

Ultrapassando a morte

Morte, onde está tua vitória?

Com o título indignado deste livro, o romancista francês Henri Daniel-Rops (*Mort, où est ta victoire?*), evocando a ressurreição de Cristo, afirma a supremacia da vida e da arte sobre a falência física inexorável do ser humano. Antes de voltar ao jazz, vamos dar um pequeno passeio pelo território da literatura. Os três maiores ficcionistas do século XX morreram sem saber que o eram, praticamente ignorados por público e crítica. O francês Proust, em 1922, aos 51 anos; o checo Franz Kafka, em 1924, aos 41 anos; e o irlandês exilado James Joyce, em 1941, aos 59 anos. Quem não conhece, e não usou, os adjetivos proustiano, kafkiano e joyceano para descrever respectivamente as sutilezas da memória afetiva, o absurdo da condição humana e os labirintos da linguagem? Proust, Kafka e Joyce ultrapassaram a morte e estão muito vivos com as gerações que os seguiram até hoje e os seguirão seguramente muitos séculos à frente, enquanto o planeta Terra resistir à ação predatória dos seus habitantes.

O romancista brasileiro Carlos Heitor Cony, com sua verve característica, sintetiza o drama do indivíduo que se dedica a criar uma obra de arte em meio ao mundo materialista em que vivemos (reconstituo livremente seu pensamento):

> *O sujeito se prepara, medita, passa horas solitárias diante da página em branco e um dia consegue escrever seu primeiro romance. Sente que vai legar uma bela obra de arte para seus contemporâneos e as gerações vindouras. Depois de muito esforço, tem o livro publicado. Folheia avidamente os jornais no dia seguinte, aguarda insone os suplementos literários, correm os dias, as semanas, os meses e nada acontece. Ninguém tomou conhecimento.*

Este "Ninguém tomou conhecimento", que vigorou também para Proust, Kafka e Joyce, pode sempre servir de estímulo a todos os artistas que criam solitariamente e conseguem atravessar complexas barreiras até levarem seu trabalho ao público. O artista não tem nenhuma certeza de que vai ser um Kafka ou um Joyce no futuro, e isso nem vem ao caso. O que o move é a crença inabalável naquilo que está fazendo. Uma tentativa de "comunicar-se" ou deixar alguma mensagem para o próximo? Nada disso. Um impulso misterioso, alguma enzima no organismo o leva a tal, como levou nossos ancestrais a rabiscarem imagens nas paredes das cavernas. O artista cria pelo puro instinto humano de criar.

O jazz também teve seus Prousts, Kafkas e Joyces. Homens dominados pela paixão da música e que conseguiram ultrapassar, com a grandeza de sua arte, os limites da morte e do esquecimento.

Scott Joplin

um golpe de mestre

Se há um estilo de música que capturou à perfeição a atmosfera da *belle époque* foi o *ragtime*. Pela primeira vez o ritmo fortemente sincopado do negro invadia os salões de dança brancos da América e tornou-se o som predominante entre 1890 e 1915 – até compositores eruditos do outro lado do Atlântico, como Debussy, aderiram ao *ragtime*. O representante máximo do gênero foi Scott Joplin (1868-1917). Seu pai, um antigo escravo, estimulou as aspirações dos filhos e Joplin, autodidata, cedo mostrou grande talento para o piano, tornando-se um dos maiores intérpretes de *ragtimes*, que na época eram comercializados por meio de partituras e rolos de pianolas, os precursores dos discos. Seu "Maple Leaf Rag", que teve a partitura comercializada em 1899, foi um imenso sucesso e permitiu-lhe estabelecer-se com a jovem mulher em St. Louis e dedicar-se à composição de obras mais ambiciosas, em estilo semiclássico. Mas o que o público queria de Joplin eram os *ragtimes* populares, que ele compunha regularmente, com títulos sugestivos – "The Cascades",

"Elite Syncopations", "Peacherine Rag", "The Chrysantemum", "Great Crush Collision".

Ocupado demais com a música, Scott Joplin viu a vida desmoronar ao seu redor: a mulher o deixou, o filho morreu e a saúde começou a baquear, com o corpo cada vez mais comprometido pela sífilis. Mas a obsessão pela música não o abandonou. Batalhando no circuito do *ragtime* em Nova York, iniciou em 1909 a composição de uma ópera-*ragtime*, *Treemonisha*, que o atormentaria nos dois anos seguintes. Publicou-a à sua própria custa e levou mais três anos trabalhando na sua orquestração. Em 1915, investiu uma fortuna numa representação sem orquestra nem cenário para tentar obter apoio financeiro. A empreitada foi um naufrágio pessoal – lembrava a tragédia do *Titanic*, ocorrida apenas três anos antes – e apressou o fim do pobre Scott, que morreu na miséria em 1917, na ala psiquiátrica do Manhattan State Hospital.

Joplin e o *ragtime* foram relegados ao esquecimento durante longas décadas. Em 1973, ele e sua música voltaram em triunfo à cena ao serem incluídos na trilha sonora do filme *Golpe de Mestre*, premiada com um Oscar. Imediatamente, desencadeou-se uma onda avassaladora de *ragtime*, que ocuparia o restante dos anos 1970. O interesse por Scott Joplin foi tanto que gerou um filme baseado na sua vida, *Scott Joplin* (1977), estrelado por Billy Dee Williams. De lá para cá, o *ragtime* voltou a fazer parte do leque sonoro do século XX, atravessando o milênio para alegrar nossas vidas.

Buddy Bolden

o sopro mitológico de Nova Orleans

Na chamada "improvisação coletiva" do jazz inicial a corneta era o líder: puxava a melodia e fazia os solos principais, enquanto a clarineta e o trombone teciam pequenos embelezamentos em torno da voz principal e faziam breves improvisações. A corneta – depois aperfeiçoada na forma de trompete – era o rei dos instrumentos em Nova Orleans e produziu os primeiros grandes improvisadores do jazz, enaltecidos de forma superlativa.

Um desses primeiros "reis" – o mais lendário de todos – foi Charles Joseph "Buddy" Bolden (1868-1931). Por muito tempo, jazzistas e historiadores passaram adiante a mesma história: Bolden, além de músico à noite, trabalhava como barbeiro durante o dia e ainda editava um jornalzinho de mexericos, *The Cricket*. O escritor Michael Ondaatje, em *Coming Through Slaughter* – romance baseado na figura e nos feitos de Bolden –, dá livre curso a todas essas lendas e o apresenta ainda como amigo íntimo do fotógrafo E. J. Bellocq, um francês que fotografava as prostitutas do bairro do meretrício de Nova Orleans, Storyville.

(Bellocq é o personagem principal do filme de Louis Malle *Menina Bonita*, que evoca aqueles tempos primitivos do jazz.)

Fato e fábula estão de tal maneira entrelaçados na história de Bolden que é difícil avaliar com exatidão sua importância real. Outro cornetista, o veterano Peter Bocage, numa entrevista em 1959, afirma:

> *Bolden era um sujeito... ele não sabia ler uma nota do tamanho desta casa, tudo o que ele e seus músicos tocavam era de ouvido ou inventado. Faziam sua própria música e tocavam ao seu próprio jeito. Foi assim que começou o jazz.*

Bocage – o sobrenome trai a ascendência francesa – era *creole*, pertencia à classe dos mestiços de negros com os colonizadores originais da região (franceses ou espanhóis). Os *creoles* estavam alguns pontos acima na escala social de Nova Orleans, e por serem mais cultos, tinham o acesso à música facilitado. Já Bolden era negro mesmo, cem por cento, e tinha de abrir caminho à força. Agarrou-se à música, sem conhecer seus aspectos teóricos, e começou a soprar a corneta sem nenhum aprendizado técnico. O que negros como ele faziam, nessas condições, era praticamente reinventar a música, e deste choque cultural, nascia uma nova arte. Quem trouxe maiores esclarecimentos à biografia de Buddy Bolden, num meticuloso trabalho de pesquisa, foi Donald Marquis, num livro de 1978 para a editora da Universidade de Luisiana, *In Search of Buddy Bolden, First Man of Jazz*. Segundo ele, Bolden não chegou a tocar nas famosas bandas de metais que desfilavam pelas ruas da cidade, nem nos bordéis de Storyville. Apresentava-se com seu grupo nos bares da área de Rampart-Perdido, em bailes nos clubes e fraternidades e em concertos ao ar livre nos parques. Marquis admite como verídica a história da rivalidade entre as bandas de Bolden e de John

Robichaux, e a malícia com que Buddy voltava os sopros de sua banda para o local onde a outra orquestra tocava e, com sua música selvagem e fascinante, roubava todo o público de Robichaux, numa manobra que denominava "chamar as crianças para casa". Num esforço de "arqueologia sonora", Marquis tenta reconstituir o som da corneta de Bolden:

> *Alguns ridicularizavam Jelly Roll por dizer que era possível ouvir Buddy a uma grande distância; outros diziam que o escutavam perfeitamente em Nova Orleans quando ele tocava em Pecan Grove, do outro lado do rio, em Gretna. Várias pessoas ofereceram explicações para o fenômeno. A distância entre o centro da cidade e o Lincoln Park parecia maior do que na realidade era, pois embora a viagem de bonde fosse de 10 km ou mais, em linha reta era de 3 km. Buddy também tocava deliberadamente alto algumas vezes. Muitos espetáculos eram ao ar livre ou em bailes em que a música tinha de atingir o fundo do salão sem a ajuda de um microfone. Manuel Manetta salientou que, "naqueles dias, sem ruído de trânsito, era surpreendente como se podiam ouvir os sons a distância, especialmente sobre a água". Manetta vivia do outro lado do rio e jura que da margem podia ouvir Bolden tocando no Globe Hall: "Numa noite silenciosa era difícil não ouvir uma banda ruidosa." O banjoísta Danny Barker deu outra explicação, a de que Nova Orleans fica abaixo do nível do mar, numa planície esponjosa, que atua como se fosse uma câmara de eco. A música reverbera, em vez de ser absorvida; e o som viaja a longas distâncias no ar úmido, sobre o terreno impregnado de água.*

Do sopro mitológico de Buddy Bolden não ficou nenhum registro físico. Não gravou nada ou nada do que gravou sobreviveu, apesar da busca obcecada por um cilindro supostamente gravado antes de 1898.

Um historiador chegou a oferecer uma recompensa polpuda a quem desse uma pista que levasse à descoberta do precioso cilindro. Dividindo-se freneticamente entre a barbearia, o jornalzinho, mulheres, filhos e a música, Buddy Bolden não agüentou a pressão. Começou a beber e a mostrar indícios de insanidade. Em 1907, foi internado num asilo para doentes mentais em Jackson, outra cidade da Luisiana, onde vegetou quase durante um quarto de século, sepultado entre suas lembranças, até morrer em 1931. Após várias décadas, na revisão histórica por que passou o jazz a partir dos anos 1950, a lenda de Buddy Bolden se consolidou e o sopro de ouro de Nova Orleans o transformou num dos primeiros grandes heróis do jazz.

Bix Beiderbecke

o poeta da Era do Jazz

Leon Bismarck "Bix" Beiderbecke (1903-31) pertence à primeira geração de *white negroes*, "brancos negros", termo criado pelo escritor Norman Mailer para designar aqueles jovens que rejeitaram os valores da sociedade branca e mergulharam de cabeça na cultura negra. Nascido numa família da alta classe média e vivendo a mais de 1.000 km de Nova Orleans, ele começou a trilhar nos anos 1920 um caminho inteiramente novo no jazz. Bix ouviu Louis Armstrong pela primeira vez no verão de 1919 em Davenport, quando este tocava a bordo do *Capitol*, uma daquelas barcas que subiam o Mississippi desde Nova Orleans, levando muita diversão rio acima.

Menino-prodígio do piano, Bix aprendia tudo de ouvido e detestava a instrução formal. Neto de banqueiro, a família queria que prosseguisse nos negócios do pai, o comércio de carvão e madeira. Mas, aos 15 anos, o jazz e a corneta entraram em sua vida para sempre. A primeira influência de Bix foram os discos da ODJB, a Original Dixieland Jazz Band, e os solos do seu cornetista Nick La Rocca. Tamanha era sua obstinação que viajou a Nova York, onde a ODJB fazia uma longa temporada de sucesso, para tomar aulas com La Rocca, que tempos depois relatou o episódio:

> *Bix era um rapaz de aspecto simpático e me disse que desejava nos conhecer e queria aprender a tocar corneta. Sendo autodidata, relutei em transmitir-lhe minha técnica, mas, diante de sua insistência, acabei por lhe dar algumas aulas no quarto de hotel em que estávamos hospedados. Quando meus companheiros me alertaram sobre a inconveniência legal de ficar com um menor de idade no hotel, dei-lhe uma passagem e o mandei de volta para casa.*

Ainda na adolescência de Bix, aos 15 anos, os pais tentaram desviá-lo da vida boêmia que o jazz prometia e o matricularam na academia militar de Lake Forest, nos arredores de Chicago. Mal sabiam que a escola era um reduto de jovens brancos interessados no jazz negro. As constantes fugas para tocar corneta nos clubes noturnos da cidade acabaram provocando sua expulsão da academia. Aos poucos, Bix foi encontrando sua turma, que incluía o pianista Hoagy Carmichael, autor de "Stardust", no início um tema rápido que depois, em ritmo mais lento, se tornaria uma das músicas mais tocadas do século XX; e, com o saxofonista Frankie Trumbauer, estabeleceu uma parceria perfeita.

Desde o começo, Bix tinha um som cristalino e um fraseado econômico que o tornavam diferente do estilo hot da época. Foi na verdade um precursor do estilo cool que consagraria Chet Baker e simbolizou também a figura heróica do *young man with a horn*, jovem com um trompete, título de um romance inspirado nele que seria filmado por Michael Curtiz, o diretor de *Casablanca*, com o título no Brasil de *Êxito Fugaz* (com Kirk Douglas no papel de Bix, dublado no trompete por

Harry James). Por suas qualidades de solista, Beiderbecke acabou tocando em orquestras comerciais como a de Paul Whiteman, o que lhe trazia conflitos. Incapaz de resolver os dilemas que o atormentavam, Bix entregou-se à bebida (da pior qualidade, nos anos da Lei Seca) e morreu em 1931, aos 28 anos. Figura trágica de uma época eufórica, foi um herói típico dos romances de Scott Fitzgerald, o homem que batizou aqueles tempos de A Era do Jazz (e com quem Bix se assemelhava em muitos aspectos).

Freqüentador assíduo de concertos de música clássica, Beiderbecke conhecia profundamente os compositores impressionistas; correm rumores de que se encontrou com Maurice Ravel quando este visitou os Estados Unidos em 1928 e que Ravel foi ao seu apartamento em 1931 ouvir suas composições para piano, que incluíam a obra-prima "In a Mist". Autodidata, Bix aprendeu a tocar corneta ouvindo discos e aperfeiçoou um dedilhado diferente, meramente por acaso – alguns de seus melhores solos são conseqüência desse dedilhado "incorreto". Louis Armstrong deu sua impressão:

> *A primeira vez que ouvi Bix, disse para mim mesmo: aí está um homem tão sério em relação à sua música como eu. Bix não deixava que nada afastasse seu pensamento daquela corneta e seu coração estava com ela o tempo inteiro. Quando um sujeito tem o som tão puro como o de Bix, não importa que os outros músicos toquem altíssimo, aquele som puro da corneta será ouvido acima de todo barulho...*

Esquecido durante algumas décadas, Bix foi recuperado pela crítica de jazz mais recente. Martin Williams sintetizou seu papel:

> *Quando o jazz estava se tornando irrevogavelmente uma arte do solista, Bix deu os passos cruciais para se afastar dos meros embelezamentos e arpejos em direção à invenção melódica. Trouxe ao jazz um enriquecimento harmônico e linear e mostrou o quanto ele podia ser lírico.*

E James Lincoln Collier proclamou:

> *Bix mostrou aos pistonistas da sua época que Armstrong não era o único caminho a seguir. Em vez da bravura e da execução operística de Armstrong, era possível, como Bix provou, tocar dentro de um espaço físico e emocional mais estreito, prestando rigorosa atenção ao detalhe – a caligrafia em vez das grandes pinceladas, o soneto em lugar da epopéia.*

Bessie Smith

nos braços da imortalidade

A Imperatriz do Blues viveu como as letras das suas canções e não se preparou para os dias de crise. O dinheiro queimava em suas mãos ou era levado pelo vento. Seus discos, que vendiam aos milhares nos anos de 1920, caíram de vendagem na década seguinte, a da depressão econômica: em 1931, o disco *In the House Blues/Long Old Road* vendeu míseras quatrocentos cópias. Em 1933, o produtor da Columbia, John Hammond, foi buscar Bessie num cabaré de Filadélfia onde ela cantava canções pornográficas a troco de gorjetas. Registrou com ela quatro canções, mais no estilo do jazz da época; a própria Bessie admitia que, em época de depressão, ninguém queria se deprimir ouvindo blues. Os discos foram os últimos que gravou e não tiveram nenhuma repercussão. Bessie seguiu cantando pelos bares da periferia, apoiada pelo novo marido, Richard Morgan, um ex-fabricante de bebida clandestina na Chicago da Lei Seca, onde conheceu a cantora, nos anos 1920. Ao reencontrá-la casualmente em 1930, separou-se da mulher e juntou-se a Bessie, a quem adorava. Ao contrário do marido anterior da cantora, era compreensivo e aceitava as excentricidades dela.

Na madrugada de domingo (26 de setembro de 1937), os dois rodavam numa camioneta Packard pela rodovia 61 quando se chocaram com um caminhão da National Biscuit Company, estacionado na estrada sem sinalização. Morgan ainda conseguiu frear, mas bateu o lado do carona contra o caminhão. Bessie, que dormia com o braço do lado de fora da janela, teve o membro esmigalhado à altura do cotovelo. Ironicamente, a Nabisco, proprietária do caminhão, patrocinava programas de rádio em todo o sul para a descoberta de novos cantores de blues. A morte de uma cantora de blues decadente não foi manchete de nenhum jornal em 1937. Mas nos engajados anos 1960 o episódio voltou à tona com força total. Na década das marchas pelos direitos civis, do Poder Negro, dos hippies e dos contestadores, correu a versão de que Bessie sangrou até a morte porque o hospital para onde a levaram – depois de muita espera – se recusou a atender uma paciente negra. O tema inspirou uma peça a Edward Albee – o festejado autor de *Quem Tem Medo de Virginia Woolf?* – intitulada *A Morte de Bessie Smith*. Chris Albertson – crítico de jazz dinamarquês nascido na Groenlândia – foi o responsável pelo relançamento em LP, e depois em CD, das 160 gravações da cantora, uma obra monumental que poucos artistas do jazz alcançaram; verdadeira comédia humana em estrofes de blues. Chris, apoiado por outros pesquisadores, contesta a versão "politizada" da morte de Bessie. Ela foi devidamente assistida, teve o braço amputado e morreu mais por causa dos ferimentos internos do que pela perda de sangue em decorrência de alguma demora no atendimento. Mas fez-se justiça poética, e a imagem de uma Bessie perseguida até na hora da morte cabia muito bem no mundo de injustiças em que ela viveu e cantou.

O túmulo de Bessie, num pequeno cemitério de Filadélfia, ficou sem lápide até 1970, quando Juanita Smith – uma enfermeira que trabalhou para ela –, o produtor John Hammond e a cantora de rock Janis Joplin (que, no melhor estilo do blues trágico, morreria dois meses depois), dividiram os 500 dólares que custou a pedra com o epitáfio: "Bessie Smith, 1894-1937. A maior cantora de blues do mundo nunca deixará de cantar."

O jazz salvou a minha vida

Eu tinha 23 anos, não vou dizer que é a mais bela idade da vida, mas se você teve a sorte de morar em Paris quando jovem, aonde quer que vá, para o resto da vida, ela o acompanhará. De repente, o inverno do nosso descontentamento se fez verão glorioso e ensolarado por causa do amor. Entre tantas francesas, eu tinha de escolher uma brasileira. Troquei Curitiba por Paris com a cabeça cheia daquele amor romântico-existencialista dos filmes em preto-e-branco da *nouvelle vague*. Essa baiana desarraigada, alguns anos mais velha do que eu, era para mim uma Jeanne Moreau, esperta nos jogos galantes que a atriz encenara em filmes como *Os amantes* e *As ligações amorosas*. Funcionária do nosso acolhedor serviço diplomático, tinha um relacionamento complicado com um francês muito rico e me usou como peça no tabuleiro amoroso para provocar ciúmes no amante. Sua estratégia surtiu efeito. Um dia depois de assistirmos a um concerto maravilhoso de Thelonious Monk no Olympia, tocando "April in Paris" – e era mesmo abril em Paris –, a baiana me largou e pegou um avião para a Índia. Viciado naquela doce rotina de sexo, vinho e jazz, eu desmantelei. Para piorar as coisas, por falta de opção e dinheiro, morava num hotel decrépito na rue de Nesle, um pequeno quarto eternamente escuro – à uma da tarde tinha de acender a luz se quisesse ler o jornal ou ver minha cara no espelho (opções totalmente descartáveis naquela conjuntura). Era uma região de vibrações sinistras, quase à margem esquerda do Sena. Ali existira a Torre de Nesle e, segundo a lenda, as irmãs princesas de Borgonha – Blanche, Marguerite e Jeanne de Navarra, esta casada com Felipe, o Belo – costumavam atrair para lá homens da sua escolha e, depois de se entregarem a todo tipo de prazer com eles, os jogavam do alto da torre para morrerem afogados no rio.

A Torre de Nesle foi demolida em 1663: eu teria de me jogar no Sena de outra maneira, sem o consolo de passear antes pelos lençóis das irmãs de Navarra. Atirar-me nas águas frias do Sena foi o plano final que se formou na minha cabeça, depois de dois dias bebendo vinho barato e remoendo a perda da minha baiana – era como se tivessem amputado parte do meu corpo. Certa noite, desci os degraus de madeira do hotel, desgastados pelos pés de milhares de infelizes que haviam se arrastado por ali ao longo das décadas. Tomei a direção do rio – *la Seine*, feminino em francês – lembrando também *le sein*, o seio em que iria afogar para sempre a minha dor. Ao sair do hotel, parei de repente. Ouvi um som que se projetava da janela fracamente iluminada de um prédio na vizinhança. Lento e suave, um sax-tenor tocava "Round About Midnight", de Thelonious Monk, a mais bonita melodia do jazz. Fiquei petrificado na rua de paralelepípedos, escutando aquele saxofone solitário que se insinuava no silêncio da noite parisiense. Aos poucos, com a música se perdendo ao longe, tomei o rumo oposto e caminhei para as luzes do boulevard Saint-Germain, onde fui repensar minha vida sentado num restaurante de calçada diante de uma travessa de ostras frescas e de uma taça de vinho branco gelado. O francês é sábio: não há *chagrin d'amour* que resista ao instinto do *bon goûter*. O projeto de suicídio foi adiado – com relativo sucesso – até hoje. A propósito, o anjo salvador foi o saxofonista Barney Wilen, que morava por ali e havia tocado até com Miles Davis.

Meu pai e minha mãe se conheceram ainda jovens, quando trabalhavam numa grande loja da rua Quinze, em Curitiba, vendendo discos – aquelas bolachas pretas com rótulos redondos no meio que giravam em 78 rotações por minuto e tinham seus sulcos beliscados por agulhas de metal ou de bambu. A cada dez audições de um disco, a agulha gastava e tinha de ser trocada. O som saía com muito chiado, mas era o melhor que tínhamos na época. Um dia meu pai acordou com ímpetos de heroísmo e alistou-se para lutar na Revolução de 30. Com as tropas getulistas, que amarraram seus cavalos no obelisco da avenida Rio Branco, ele chegou ao Rio de Janeiro. Outro dia encontrei um cartão-postal que ele mandara para minha mãe – uma foto colorida a mão da orla de Copacabana – em que perguntava: "Beatriz, lembras-te ainda de mim?" Folheando as cartas enviadas por ele para minha mãe nos anos seguintes, senti-me como o personagem de Michael J. Fox em *De Volta para o Futuro*, torcendo para que meu pai e minha mãe se casassem, o que só aconteceu, depois de muitas idas e vindas, seis longos anos depois – caso contrário não estaria aqui aborrecendo vocês com essas lamentações do passado.

Nasci numa casa em que o rádio e a vitrola ocupavam lugar de destaque e estavam quase sempre ligados. Um dia ouvi alguém dizer que Carmen Cavallaro era "o maior pianista do mundo"; eu não conseguia entender o superlativo em matéria de música. Pressupunha o quê? Um gigante de 3 m de altura tocando num piano imenso? Tinha 12 anos, fiquei intrigado, mas acreditei que Cavallaro era mesmo o maior. Até o momento em que me caiu nas mãos um disco da Capitol, selo branco, dizeres em azul, uma canção de George Gershwin, "Nice Work If You Can Get It", improvisada pelo pianista Art Tatum. Se Cavallaro era um gigante da música melosa, Tatum era "Deus", como o chamavam os demais jazzistas. Para mim aquilo não era apenas música, era uma abertura total de ouvidos e de cabeça. A partir daí, já nos primeiros LPs de dez polegadas, passei por uma série de revelações: o trompete de Louis Armstrong, a clarineta e o sax-soprano de Sidney Bechet, a corneta de Joe King Oliver, a clarineta de Johnny Dodds.

Em 1950 fui estudar no novo campus do Colégio Estadual do Paraná, tão moderno que – incorporando a paranóia norte-americana da Guerra Fria – tinha até um abrigo subterrâneo para bombardeios nucleares. No início de 1954, aos 16 anos, comecei a trabalhar num jornal de Curitiba, a *Gazeta do Povo*. Lia muito, já escrevia no jornal do colégio, a vocação se desenhava. Mas a paixão pelo jazz seguia firme. Por essa época, num sebo de discos de São Paulo, comprei um LP da Jazz At The Philarmonic, a capa de papelão não correspondia ao disco que comportava, em que Lester Young ao sax-tenor e Charlie Parker ao sax-alto improvisavam sobre um dos standards preferidos dos jazzistas: "I Can't Get Started." O encadeamento de idéias do solo de Lester (três minutos) ao de Parker (um minuto e meio) é admirável, como se fossem o mesmo músico tocando. Experimente tocar o alto de Parker em rotação reduzida e você ouvirá Lester... A genialidade de Parker me assustava, como a todos os demais aspirantes do sax-alto. Identifiquei-me mais com o tenor de Lester e sua "molemolência cool".

No dia em que comemorava meus 18 anos na boate La Ronde, depois do fechamento do jornal, decidi estudar saxofone. Indicaram-me um trompetista no mesmo prédio da boate, o Altevir, um mulato elegante com ternos escuros de riscas-de-giz que parecia pertencer ao naipe de metais da orquestra de Duke Ellington. Encomendei um sax-tenor para um fabricante de São Paulo, Ubaldo T. Abreu, uma verdadeira "carroça", que recebi quatro meses depois pelo reembolso postal. Enquanto o instrumento não chegava, eu aprendia a ler música estudando solfejo com Altevir pelo bom velho Método Bona de divisão musical. Uma coisa deve ser dita em favor do Colégio Estadual do Paraná: tínhamos aulas com o maestro Bento Mossurunga – o Villa-Lobos das Araucárias – e trabalhávamos o ano inteiro com um caderno de pautas rabiscando notas e tentando aprender um pouco de música. Depois de alguns meses, o Altevir achou que eu já estava pronto para a minha primeira *gig* e lá fomos nós – uma noite em que tive de fazer gazeta na *Gazeta* – tocar no baile anual do Sindicato dos Garçons. Trêmulo, suando frio, mal podendo enxergar a partitura, soprei penosamente, enquanto evoluíam à minha frente – muitos acenando para mim – os garçons que o ano inteiro me serviam em bares, bailes e boates. No fim da noite, Altevir me chamou a um canto e me passou um punhado de notas dobradas – o primeiro e único cachê que ganhei na vida fazendo música. Experimentei também um momento de satisfação jazzística tocando na casa de um amigo num natimorto trio – saxofone, violoncelo e bateria – o tema de Miles Davis "Boplicity", o supra-sumo da sofisticação cool. Tudo isso aconteceu entre a segunda metade dos anos 1950 e o ano de 1962, quando deixei Curitiba definitivamente.

Um dia chegou à cidade a banda de Woody Herman e tocou numa noite de sábado no Guairinha. O sax-tenor Jay Migliori, que tinha tocado com Miles Davis e depois faria parte do famoso Supersax, quis dar uma canja em algum lugar. Fomos para o Moulin Rouge, uma mistura de boate e bordel que ficava em cima de um posto de gasolina. Jay tirou o saxofone do estojo, começou a tocar "Bluebird", mas os músicos não conseguiam acompanhá-lo e ele desistiu antes mesmo de terminar o tema, botou a sacola debaixo do braço e se mandou.

Eu seguia trabalhando toda noite no jornal, ouvindo jazz e soprando meu saxofone, entrelaçando palavras e notas musicais – o que acabaria fazendo para o resto da vida. Conheci e fiquei amigo de um trombonista genial, Raul de Souza, o Raulzinho, que servia na Base Aérea do Bacacheri. Com seu ouvido privilegiado, bastou escutar alguns discos de jazz moderno para sair tocando como se estivesse na rua 52 de Nova York. Tinha mais som de J. J. Johnson do que o próprio J. J.

Amigo de Raul, o trombonista Maciel aterrissou também em Curitiba. Eram poucos os lugares onde se podia tocar jazz na cidade. Na verdade, nenhum. Raul, com o seu trombone de pisto, fazia dueto com Maciel, ao trombone de vara, tocando para as estátuas, os bustos e as paredes vazias da noite. Lembro de uma noite em que Raul tocou para o busto do velho Suplicy, o reitor, diante da universidade. Curiosamente, em 2007, ele teve a chance de tocar do lado de dentro, na Reitoria, durante a Oficina de Música que agita a cidade em janeiro.

Nos anos 1950, havia um *taxi-dancing* chamado Caverna, no subsolo do Clube Curitibano, onde o italiano Beppi fazia a música com o seu trompete. Raul e Maciel iam dar umas canjas lá, mas logo partiam para o bebop e eram expulsos. Não era música para dançar. Acompanhei Raul em suas noites solitárias dialogando com um búfalo no Passeio Público – , episódio detalhado anteriormente neste livro.

Em 1962, nos seis meses mais loucos da minha vida – que quase teve fim num choque frontal do meu DKW com um bonde no Juvevê, do qual consegui desviar a tempo –, o quinteto do saxofonista Paul Winter passava por Curitiba e o convenci a apresentar Raulzinho como convidado especial no seu show no esqueleto do Guairão. Foi um sucesso.

Jazz e jornalismo entrelaçados: em 14 de outubro de 1960 eu chegava a Paris para estudar no Centre de Formation des Journalistes. Depois de vinte horas de trem de Madri à Gare de Lyon, me vi às oito da manhã no café da estação, tomando um *café-au-lait* com *croissant* e folheando um dos jornais do dia. Uma pequena nota me chamou a atenção: naquela tarde de sexta-feira haveria um concerto em homenagem ao baixista recém-falecido Oscar Pettiford, no Théâtre des Champs-Elysées. Peguei um táxi para a Cité Universitaire, descobri na Maison du Brésil – uma "máquina-de-morar" projetada pelo arquiteto Le Corbusier – que meu quarto ainda não estava disponível e eu teria de dormir num pequeno espaço atrás do palco da Maison. Larguei minhas malas e rumei para o local do concerto.

O Théâtre des Champs-Elysées tinha um peso histórico formidável. Ali nasceu a arte moderna, em 1913, com a apresentação do balé *A Sagração da Primavera*, com música de Stravinsky, coreografia de Nijinski e encenação pelos Balés Russos de Diaghilev. Achei a sala meio sombria e deprê, a platéia ocupava, em menos da metade, as cadeiras. O concerto fora organizado às pressas. De qualquer maneira, pude ouvir pela primeira vez ao vivo Bud Powell e o saxofonista Lucky Thompson, um veterano tenor que também adotara o soprano. Anos depois, com capa de papelão fino em preto-e-branco, típica do selo Vogue, foi lançado o disco gravado ao vivo naquela ocasião. Vibrei ao identificar minhas palmas ao fim de cada música, sentia que também fazia parte daquele vinil. Com o tempo, ouvi outros discos gravados ao vivo aos quais havia assistido, entre eles o de Monk no Olympia – aquele de abril seguinte em Paris. Para minha decepção, tomei conhecimento de que as gravadoras usavam sempre as mesmas palmas; tratava-se de palmas clonadas fabricadas pela sonoplastia.

O ano e meio passado em Paris foi pródigo em jazz, principalmente os shows regulares da temporada na sala do Olympia e, quando sobrava algum dinheiro, em clubes como o Caméléon, o Chat-qui-Pêche e o Blue Note, onde tocava o trio da casa – The Three Bosses –, deixando claro tratar-se de um grupo em que os três mandavam; os geniais americanos exilados: Bud Powell (piano), Kenny Clarke (bateria) e o baixista francês Pierre Michelot. Certa noite, no Blue Note, tive a oportunidade de sentar-me a uma mesa próxima à de Bud Powell e Thelonious Monk, que visitava o colega. Era aquela situação do "bafo-na-nuca", os dois, poucos centímetros à minha frente, sem trocar uma só palavra, olhando um para o outro de soslaio e rolando de rir.

O curso de jornalismo era intenso, me obrigava a escrever exclusivamente em francês, mas sobrava tempo para explorar a cidade. Paris ainda era uma aldeia, lembro de flanar de manhã pelo boulevard Saint-Germain quase deserto, e ver com freqüência Bud Powell tomando café na *terrasse* do Aux Deux Magots com seu amigo e protetor Francis Paudras (Bud, metamorfoseado num saxofonista que tem tudo a ver com Lester Young, é o tema do belo filme *Por Volta da Meia-noite*. O papel coube ao saxofonista Dexter Gordon: indicado para o Oscar de melhor ator, que perdeu injustamente para Paul Newman).

Cruzei caminho também, naquela primavera de Paris, com os poetas *beats* Allen Ginsberg e Gregory Corso (moravam no chamado "Beat Hotel", um pardieiro sem nome na viela medieval Grégoire-de-Tours, transversal ao Sena). William Burroughs também vivia no mesmo local, mas quase não saía do hotel. Ginsberg não quis ser entrevistado, mas Corso foi simpático e conversamos durante horas num café em Saint-Germain. Menciono esses escritores porque faziam parte de um movimento fortemente influenciado pelo jazz, até no seu nome: *beat*. Queriam escrever do jeito que os músicos de jazz tocavam, seguindo o fluxo e os ritmos do inconsciente, improvisando frases como as de Charlie Parker e de Miles Davis. O grande romancista dos *beats*, Jack Kerouac, escreveu: "Quero ser considerado um poeta-de-jazz, tocando um longo blues numa jam session de domingo à tarde." Comecei a acompanhar o que os *beats* faziam e a tentar escrever como eles, absorvendo na página escrita as pulsões do jazz.

O prazer de ouvir John Coltrane pela primeira (e única) vez em novembro de 1961 foi acrescido pela presença de Eric Dolphy. A emoção de vê-los tocando juntos, durante meia hora, "My Favorite Things" ficou na minha lembrança para sempre. Naquela noite, tive a sorte de assistir a um episódio pitoresco. No intervalo entre os dois shows, fui atraído por uma pequena aglomeração na estreita rua ao lado do Olympia. Dentro de uma dessas pequenas *épiceries* tipicamente parisienses, John Coltrane comia um ovo duro, sob os olhares curiosos dos fãs, do outro lado da porta de madeira e vidro. Envergando um *smoking* (na época, os jazzistas se apresentavam quase sempre de *black tie*), o profeta do jazz cumpria um rito banal do cotidiano, mas a solenidade da cena era tamanha que rivalizava com seus melhores desempenhos ao saxofone.

A primeira vez que vi Chet Baker não foi num palco, tocando trompete ou cantando, mas calado, de terno e gravata, num tribunal de Florença. Cumpria pena de prisão na vizinha cidade de Lucca, por ter sido flagrado na posse de anfetaminas – comprimidos vendidos normalmente em farmácia mediante receita médica. Os advogados de Chet pediam a abreviação da sentença, mas os sinistros juízes togados de Florença votaram contra. Dias depois, num domingo, percorri o caminho em cima da muralha que cerca Lucca por inteiro, a cidade lá embaixo, com suas igrejas românicas e prédios antigos, suas vielas estreitas contrastando com amplas praças, e pensei muito no velho Chet – ainda jovem, com 31 anos – na solidão do seu cárcere.

Os anos passaram, ouvi finalmente Chet tocando trompete e cantando. Traduzi, já nos anos 2000, sua biografia por James Gavin e um romance policial escrito pelo baterista Bill Moody, *No rastro de Chet Baker*. Mais do que isso, tive o privilégio de entrevistar Baker durante quase uma hora ao lado da piscina do Hotel Nacional do Rio, quando ele se apresentou no primeiro festival Free Jazz, em 1985.

Como jornalista e crítico de jazz, entrei no circuito dos festivais a partir de 1979, viajando no mesmo avião com Hermeto Pascoal e toda a sua banda do aeroporto do Galeão – com escalas em Dacar e Paris – até Genebra, e dali para Montreux. Hermeto transportando, desde sua casa no bairro Jabour – para espanto da alfândega suíça –, um imenso travessão de madeira do qual pendia uma bateria de panelas, que faria parte da percussão. Em sua primeira apresentação na Europa, O Bruxo arrasou. Aquela rodada dupla da Noite Brasileira em Montreux tinha também a apresentação de Elis Regina com um grupo *all star* que incluía o marido pianista César Camargo Mariano e o guitarrista Hélio Delmiro. No final da noite, Elis e Hermeto se apresentaram juntos, ele ao piano, jogando uns acordes marotos para provocar Elis, ela encarando e entrando na brincadeira do Bruxo, em três belas interpretações – "Corcovado", "Asa branca" e "Garota de Ipanema". Depois do show, fui escolhido para uma conversa exclusiva com Elis no Bar des Musiciens, local de jams entre os músicos, onde César Camargo era muito solicitado. Elis, que nos seus shows aparecera em estilo *vamp* à Billie Holiday, com uma orquídea nos cabelos, usava o mesmo vestidinho estampado, em fundo claro, da sua apresentação com Hermeto. Ainda dividido entre a palavra e a música, despejei sobre Elis todas as minhas dúvidas existenciais, ajudado pelas borbulhas do champanhe. Ela me pareceu uma figura muito zen e equilibrada, esbanjando sabedoria de vida – apesar de ser oito anos mais jovem que eu. Ainda vi Elis no vôo de Genebra para Paris – ela e Hermeto seguiam para o Festival de Tóquio, enquanto eu voltava para o Brasil. Sua morte, dois anos e meio depois, me surpreendeu e chocou. Quanto a Hermeto, fui convidado para as famosas feijoadas de dona Ilsa no bairro Jabour, e passei a acompanhar seu trabalho. No álbum *Só não Toca Quem não Quer*, ele dedicou-me uma faixa, sugestivamente intitulada "Viagem".

Cobri os festivais de Montreux de 1985 a 1988 – eu escrevendo e minha mulher, Lena, fotografando. Cobrimos também todos os festivais da série Free Jazz, até suas mutações mais recentes.

Acreditando no que Hermeto dizia, que só não toca quem não quer, comprei um sax-tenor Selmer e em 1980 voltei a estudar; desta vez com um professor genial, o Mauro Senise. Uma aula por semana, durante dez anos, não rendeu bons frutos. Eu deixava a *Manchete* às pressas, pegava o saxofone em casa e rumava para o apartamento do Senise – tudo isso às seis da tarde, com um trânsito infernal. Chegava à aula estressado, em geral sem ter estudado a lição. Fazer música exige dedicação integral. Sem isso, você vira um diletante. Mesmo assim, foi um prazer enorme estudar saxofone.

Uma lembrança que guardo com carinho foi a minha ousadia, num dos festivais no Museu de Arte Moderna do Rio, de pedir para "dar uma voltinha" no sax-barítono do meu amigo Carlos Malta. Encontrava-se no camarim o baterista Roy Haynes, que tocara com Charlie Parker e todas as feras do bop. Enxuto, nos seus 73 anos, de peito nu, fazia suas cem flexões habituais antes de subir ao palco. Empunhei o barítono e toquei, sem vacilar, "Goodbye Pork Pie Hat", o belo tema que Mingus dedicara a Lester Young. Acho que não fui de todo ruim. O saxofone alargou meus horizontes como crítico e historiador musical e, de certa forma, influenciou minha maneira de fazer jornalismo e, principalmente, de escrever.

Em Paris, um amigo me perguntara: "Por que não volta para o Brasil e vai trabalhar numa grande revista? Veja só que bela vida a do Justino Martins, o diretor da *Manchete*. Todo ano passa um mês de férias na Europa." Voltei ao Brasil em 1965 e, por coincidência, fui trabalhar na *Manchete*. Dez anos depois, passava a dirigir a revista, no lugar de Justino. Antes, passei dois anos em São Paulo, no lançamento da revista *Veja*, como um dos quatro editores assistentes do diretor Mino Carta. Coube-me a fatia mais apetecível: a editoria de Artes e Espetáculos. Eram tempos agitados e inquietos: maio de 1968, a Primavera de Praga, a ascensão do Black Power, a expansão dos hippies e do psicodelismo, o Homem na Lua, o Festival de Woodstock. Assinei a reportagem de capa da *Veja* quando Glauber Rocha ganhou a Palma de Ouro em Cannes por *Antônio das Mortes*. Em 1968, lancei em São Paulo meu primeiro livro, *Mao e a China*, uma defesa inflamada do comunismo chinês. Uma semana depois da tarde de autógrafos, foi assinado o AI-5 e começaram os Anos de Chumbo. Quando o capitão Lamarca morreu, encurralado pelas forças da repressão no interior da Bahia, os jornais publicaram trechos das cartas que trocara com a companheira Iara, em que fazia comentários elogiosos sobre *Mao e a China*, um dos últimos livros que leu. Nada me aconteceu. Eu me sentia um homem invisível.

Voltei ao Rio no final de 1969 para dirigir a revista *Fatos e Fotos*, também da Bloch, que editava a *Manchete*. Nunca fiz uma reflexão mais profunda sobre as prováveis conseqüências da mudança de São Paulo para o Rio. Enquanto escrevia este livro, assisti a um filme sobre Vladimir Herzog. A história do Vlado me interessava porque ele tinha a minha idade e foi ocupar a minha vaga quando saí do Serviço Brasileiro da BBC de Londres, em 1965. Vi no filme depoimentos de antigos colegas da Editora Abril, esquerdistas *light* que foram presos e torturados nos porões do DOI-Codi de São Paulo, onde Vlado não resistiu às torturas e morreu, o que levou os torturadores a forjarem um inverossímil suicídio por enforcamento. Depois de todos esses anos, tive de repente a consciência aguda de que, tivesse me radicado em São Paulo – o melhor mercado de trabalho do país para jornalistas –, bastaria o meu *Mao e a China* como "carta de recomendação" para que eu me tornasse mais uma estatística fatal dos Anos de Chumbo. Salvou-me a índole *on the road* dos músicos de jazz que tanto me inspiravam.

Esse mesmo espírito desapegado do jazz me ajudou nos quase 25 anos como editor da *Manchete*. O editor é uma figura maldita e solitária, pressionado por tudo e por todos: pelos donos da empresa, pelos "cartolas", pelos chefiados, pelos editores de outras revistas e até pelos funcionários de outros setores. Era fácil, por exemplo, o editor indicar uma capa toda semana. O difícil era conseguir a aprovação. Às vezes, o comentário leviano de um contínuo derrubava uma capa, o que me obrigava a ter um verdadeiro arsenal de opções de capa. O dono da empresa, Adolpho Bloch, tinha sempre a palavra final, e acompanhava de perto o preparo da revista; mesmo quando se ausentava para cuidar de seus imensos problemas bancários, valia-se dos informantes. A *Manchete* foi, na verdade, o resultado do corpo a corpo implacável entre o jornalista que a dirigia e Adolpho Bloch, que tinha alma de gráfico (dizia que lhe corria nas veias não sangue, mas tinta de impressão).

No começo sofri para enfrentar este esquema, depois aprendi a improvisar minhas soluções e a assumir uma postura zen. Conseguia encontrar brechas, além da revista, para cultivar outros interesses: tocar saxofone, escrever sobre música e outros temas, publicar mais de uma dezena de livros. Escapei assim de ser, prematuramente, vítima de infarto, de câncer ou do álcool – os três grandes inimigos do jornalista que se envolve demais com o seu trabalho. Já Justino, sem dúvida um dos maiores "revisteiros" do país, parecia ter por lema "*Manchete c'est moi*". A tal ponto que teve uma morte simbólica: em 1983, dias depois de ter ido ao ar a TV Manchete – o que relegaria a revista para segundo plano –, sentiu os primeiros sintomas de um câncer que o levaria em menos de um mês.

A *Manchete* chegou a seu fim numa espécie de morte anunciada. Por lá passaram escritores e jornalistas notáveis. Como assistente de Justino e depois editor, tive o prazer de coordenar a série literária *As obras-primas que poucos leram* (relançada pela Editora Record em uma antologia de quatro volumes) e receber em mãos as colaborações de gente como Paulo Mendes Campos, Carlos Heitor Cony, Ruy Castro, Joel Silveira, Josué Montello e do mais assíduo de todos, Otto Maria Carpeaux, que se sentia igualmente à vontade passeando pelo *Castelo* de Kafka como na companhia do rebelde Holden Caulfield de *O apanhador no campo de centeio*. Antes de entregar o texto, de pé diante da mesa de edição, Carpeaux, com uma caneta esferográfica em punho, dava ainda os últimos retoques no texto caprichosamente datilografado.

Quando a *Manchete* pediu falência, em 1° de agosto de 2000, não posso dizer que fiquei desempregado. Ao contrário, passei a ser mais empregado do que nunca, na base do trabalho *free lance*, ou seja, como um verdadeiro improvisador das palavras. Depois de 46 anos vivendo no "inferno das redações", passei a trabalhar em casa. De repente, tornei-me meu funcionário e patrão – um patrão exigente que me fazia trabalhar a toda hora do dia, todos os dias da semana, incluindo sábados e domingos. Quem trabalha em casa sofre um certo grau de dispersão e precisa ter alguma disciplina para fazer o trabalho render. Mais uma vez o jazz me ajudou a improvisar minha vida, sabendo que cada nota tocada – cada tecla digitada – significava dinheiro entrando em minha conta, para pagar outras contas. Nestes últimos oito anos colaborei em várias revistas, desde a roqueira *Bizz* à intelectual *Nossa*

História, para a qual escrevi praticamente sozinho uma edição especial – *A construção do Brasil*. Participei da bela aventura cultural que foi o site no.ponto, onde contei minhas histórias sobre o ovo de Coltrane, a viagem com Hermeto e Elis e sobre o cartão de Natal que recebi de Jack Kerouac, além de fazer incontáveis resenhas de livros e discos. Traduzi cerca de cinqüenta romances dos autores que me são favoritos: de Scott Fitzgerald a Henry Miller, de John Steinbeck a John Le Carré, de E. L. Doctorow a John Fante. Organizei e traduzi duas antologias de contos: *A selva do dinheiro* e *A selva do amor*; e um volume sobre caminhada, incluindo o clássico texto de Thoreau, *Walking* (por coincidência título de um dos temas mais conhecidos do jazz), com um perfil da fabulosa figura que foi o pai da "desobediência civil", e um ensaio que amadureci ao longo de 15 anos – *A arte de andar*. Traduzi também a biografia de Chet Baker e as autobiografias de Billie Holiday e Charles Mingus, ambas acrescidas de posfácio, muitas vezes ouvindo jazz enquanto trabalhava.

Em fevereiro de 2006, fui convidado para dar um curso sobre "Cem Anos de Jazz", no Espaço Cultural Santander, em Porto Alegre. Foram três palestras de três horas cada, para uma platéia completa, constituída por pessoas interessadas – homens e mulheres entre 18 e 80 anos de idade, que me pareceram absorver tudo o que eu tinha a dizer e, principalmente, a tocar em CD. Comecei com uma série de ilustrações musicais mostrando a universalidade do jazz: "Prenda minha", o clássico do folclore gaúcho, por Miles Davis; "Parabéns a você", um solo de saxofone de Stan Getz dedicado ao pianista Bill Evans; "Noite feliz", uma divagação natalina pelo trompete de Chet Baker; um pássaro diferente, "Tico-tico no Fubá", por Charlie Parker, "Aquarela do Brasil", por Django Reinhardt; e um tema do Gonzagão, "Pau de arara", por Dizzy Gillespie. A receptividade que senti naquelas pessoas em relação ao jazz levou-me à idéia de escrever este livro, para mostrar que o jazz não é apenas um estilo musical, mas uma forma de encarar a música. E, mais do que isso, um modo de encarar o mundo, capaz de oferecer a cada indivíduo não só soluções de sobrevivência, mas caminhos para aproveitar ao máximo todo o potencial de prazer e de liberdade que a vida nos reserva.

Coda

O jazz como estratégia para o sucesso

A esta altura, creio que o leitor não tenha mais dúvidas sobre a capacidade do jazz de oferecer um arsenal de estratégias para o sucesso. Mas é preciso conceituar melhor a palavra "sucesso". Ela não deve ser traduzida necessariamente por fama, dinheiro e poder – o tripé clássico que define o sucesso em nossa sociedade, medido do ponto de vista materialista. Satisfação espiritual, qualidade de vida, amor a si mesmo e aos outros, respeito à natureza e o prazer de fazer aquilo de que se gosta são outros fatores que definem o sucesso e, sem dúvida, se aplicam particularmente ao jazz.

Há muito tempo deixamos de ver o mundo como uma estrutura lógica à qual a sociedade humana precisa se amoldar. Noções mais sofisticadas sobre a complexidade da natureza levaram a novos enfoques e até mesmo à criação de uma "ciência do caos", formulada pelo trabalho conjunto de astrônomos, biólogos, físicos e economistas. Nas palavras de Douglas Hofstadter,

> *Ocorre que um tipo fantástico de caos pode estar oculto bem por trás de uma fachada de ordem, ao mesmo tempo que, nas profundezas do caos, está escondido um tipo ainda mais fantástico de ordem.*

Ou seja, esta nova ciência permite que se vejam ordem e padrão onde antes só se viam aleatoriedade, irregularidade, imprevisibilidade – em suma, o caótico. Baseados na intuição, os músicos de jazz se adaptam admiravelmente a esse quadro.

Eles também possuem outra qualidade essencial para a sobrevivência nos tempos difíceis que vivemos: a resiliência, ou seja, flexibilidade. O termo veio da física, significando a capacidade que têm certos materiais para resistir a choques e tensões. Segundo o criador do conceito aplicado aos seres humanos, dr. Frederic Flach:

> *A resiliência é um conjunto de forças psicológicas e biológicas exigidas para que as pessoas superem com sucesso as mudanças ocorridas em suas vidas. Não é uma questão meramente psicológica, é também física, pois é preciso que os processos fisiológicos do corpo humano, ativados pelo estresse, funcionem bem nas mais diversas situações.*

Segundo o dr. Flach, as situações de estresse não são inimigas do homem; ao contrário, elas liberam um conjunto de forças psicológicas e biológicas que permite a todos superarem com sucesso as mudanças ocorridas e se sentirem mais preparados para enfrentar os desafios futuros. O músico de jazz, pelo tipo de arte improvisada e espontânea que pratica e por sua própria postura existencial, é um mestre na arte da resiliência.

Outra noção recente que tem a ver com a capacidade de sobrevivência do jazz e dos jazzistas é a do "eu mínimo", formulada por Christopher Lasch no livro *The Minimal Self*, em 1984:

> *Numa época carregada de problemas, a vida cotidiana passa a ser um exercício de sobrevivência. Vive-se um dia de cada vez. Raramen-*

> *te se olha para trás, por medo de sucumbir a uma debilitante nostalgia; e quando se olha para a frente, é para ver como se proteger contra os desastres que todos aguardam. Em tais condições, a individualidade transforma-se numa espécie de bem de luxo, deslocada numa era de iminente austeridade. A individualidade pressupõe uma história pessoal, amigos, família, uma sensação de se estar situado. Ameaçado, o eu se contrai num núcleo defensivo, em guarda diante da adversidade. O equilíbrio emocional exige um eu mínimo, não o eu soberano do passado.*

Mesmo sendo um artista da sobrevivência, o músico de jazz nunca se restringiu a uma postura defensiva. Estigmatizado como marginal nos primeiros tempos de sua história, em poucas décadas conquistou espaços importantes no mundo do *show business*, em Hollywood e na Broadway. E criou também seu próprio espaço, por meio dos festivais internacionais de jazz – uma quantidade incontável de eventos de grande prestígio que acontecem hoje por todo o planeta, de Mar del Plata a Sydney, de Nova York a Tóquio, de Montreux a Sofia, de Atenas a Israel, de Istambul a Belfast, de Havana a Baden-Baden, de Bombaim a Bolonha, de Sacramento a Zagreb. (Só para mencionar o Brasil, por exemplo, você já ouviu falar do Festival de Jazz de Rio das Ostras, no Estado do Rio? Do Festival de Ouro Preto? Ou do Festival de Jazz e Blues de Guaramiranga, no Ceará? Da mais recente edição deste participaram os brasileiros João Donato, Leo Gandelman e Leny Andrade, o americano Kenny Brown e a sueca Lina Nyberg.)

O músico de jazz é hoje um profissional prestigiado, circulando no território privilegiado das celebridades, lado a lado com tenistas do Grand Slam, top models e designers, artistas de cinema e pilotos de Fórmula 1. Alguns vestem elegantes ternos de grife, outros se apresentam em trajes mais informais, descolados, numa espécie de sofisticação *low profile*, mostrando que o que conta é sua capacidade mágica de fazer música improvisada – um talento que, embora não os torne milionários, lhes dá um bom rendimento, uma excelente qualidade de vida e muito mais destaque intelectual do que aquele que cabe às estrelas do mundo da moda e do *showbiz*. Acima de tudo, o jazzista preenche uma das principais exigências para que a pessoa alcance, ou chegue o mais próximo possível, da felicidade: ele ama o que faz. Em seu importante estudo *Creativity/Flow and the Psychology of Discovery and Invention*, o professor Mihaly Csikszentmihalyi afirma:

> *As pessoas criativas diferem uma da outra numa variedade de maneiras, mas num aspecto são unânimes: todas amam o que fazem. Não é a esperança de alcançar fama ou de ganhar dinheiro que as motiva; é mais a oportunidade de fazer o trabalho que adoram fazer.*

E o psicólogo explica o seu conceito de *flow*, fluxo, fluência:

> *Muitos anos atrás comecei a estudar pessoas que pareciam estar fazendo coisas que lhes davam prazer mas não eram recompensadas por dinheiro ou fama. Enxadristas, alpinistas, dançarinos e compositores dedicavam muitas horas por semana a suas atividades. Por que o faziam? Ficou claro, ao conversar com eles, que a sua motivação era a qualidade da experiência que sentiam quando estavam envolvidos na atividade. Esse sentimento não lhes vinha quando estavam relaxando, quando tomavam drogas ou álcool ou quando consumiam os dispendiosos privilégios da riqueza. Ao contrário, freqüentemente eram atividades penosas, arriscadas e difíceis que ampliavam a capacidade da pessoa e envolviam um elemento de novidade e de descoberta. Essa experiência ótima é o que chamei de* fluxo, *porque muitos dos entrevistados descreveram a sensação de quando as coi-*

> *sas corriam bem, de um estado de consciência quase automático, relaxado e, no entanto, altamente em foco.*

Ora, nada mais parecido com o processo criativo do improvisador do jazz do que o "fluxo" descrito pelo professor Csikszentmihalyi. Citando o nosso Tom Jobim, que foi um grande jazzista: "Sem amar é muito difícil você fazer qualquer coisa. A capacidade só surge com o interesse. E só se tem um grande interesse por uma coisa que se ama."

Quando escrevia as últimas páginas deste livro, li no jornal uma notícia científica sobre uma pesquisa realizada pela psicóloga Malia Mason, da Harvard Medical School e do Massachusetts General Hospital. A experiência foi feita com 19 pessoas que tiveram sua atividade cerebral "fotografada" por ressonância magnética e por outras novas técnicas de escaneamento. A conclusão foi que sonhar acordado parece ser o padrão da mente humana e algumas regiões cerebrais são especificamente desenhadas para o devaneio. Mesmo nos momentos de repouso, quando as pessoas não estão concentradas numa tarefa específica, os neurônios se mantêm em plena atividade. A pesquisa mostrou que o devaneio é relacionado às funções cerebrais básicas e à capacidade de reação rápida. Segundo Malia Mason, "outra possibilidade é que os pensamentos espontâneos e independentes de estímulos levem a um sentido de coerência entre experiências passadas, presentes e futuras".

A atividade cerebral espontânea, que não depende de estímulos externos, deixa claro que a improvisação do jazz seria a representação musical do devaneio. Não por acaso, uma das mais belas melodias compostas pela dupla Billy Strayhorn e Duke Ellington chamou-se "Day Dream", ou seja, "devaneio". Mas jazzista não é um sonhador ocioso; ao contrário, possui um espírito curioso e sempre se aventurou por novos territórios, procurando tirar o máximo prazer estético e existencial de suas explorações.

Todos nós podemos aprender com o músico de jazz, que é o improvisador por excelência. Recapitulemos, em linhas gerais, suas lições:

ABRAÇANDO O ACASO

Procure ter sempre a mente e os sentidos alertas para os sinais do acaso, que estão presentes a cada momento da vida. Inventos e descobertas que salvaram milhões de seres humanos foram obras de um acaso habilmente percebido e aproveitado pelo homem. A penicilina foi uma dessas descobertas. Os grandes navegadores que queriam chegar às Índias acabaram descobrindo a América. No trabalho e demais atividades, esteja sempre atento para o elemento surpresa, que num piscar de olhos poderá revolucionar sua existência – e a de muitos outros – para sempre.

USANDO A IMAGINAÇÃO

A imaginação não é um dom inato, ela pode ser cultivada. Novamente aqui você precisa estar atento para as coisas ao seu redor. Depois de quase meio século de jornalismo, me dei conta de uma verdade tão simples sobre a profissão que nunca chegara a explicitar. Quando um jovem repórter me perguntou qual era a principal qualidade que um jornalista deveria preencher, eu respondi: o jornalista tem de ser, acima de tudo, curioso. Precisa ser ávido por conhecer tudo sobre as coisas que o cercam, as pessoas, os sentimentos que as motivam, as forças que regem os acontecimentos. Se o sujeito não tiver a mínima curiosidade pela vida, então desista de ser jornalista. O mesmo se aplica ao jazzista, devorador de todos os sons que cobrem a Terra, de todas as culturas musicais, capaz de improvisar uma frase até mesmo sobre o miado de um gato ou a buzina de um carro que passa. Qualquer que seja sua profissão, entregue-se a ela de corpo e alma e exerça ao máximo sua imaginação, ampliando sempre seus horizontes criativos.

SUPERANDO ADVERSIDADES

Raramente valorizamos o fato de estarmos física e mentalmente inteiros. É da índole humana, mesmo gozando de plena saúde, se queixar da vida e até entrar em depressão. Mas não estamos livres de acidentes, e muitos de nós nascem com deficiências ou sofrem adversidades ao longo da vida. A privação de um membro do corpo ou de um dos sentidos nunca impediu as pessoas de batalharem e exercerem, às vezes, carreiras bem-sucedidas e até brilhantes. Reflita sobre as vidas de jazzistas como Django Reinhardt, Art Tatum e Michel Petrucciani, que deixaram um raro exemplo de fé e tenacidade, além do belo legado de sua música.

ENCONTRANDO UMA VOZ

A originalidade tem sido, ao longo dos séculos, um dos maiores desafios do homem. Segundo o historiador Thomas Carlyle, "o mérito da originalidade não é novidade, é sua sinceridade. O homem que acredita é o homem original; no que quer que acredite, ele acredita por si mesmo, não por um outro". Você não precisa tentar ser original a todo custo, e não cabe a todo mundo ser original. Mas certas pessoas possuem um molde próprio, peculiar, diferente das demais. Muitas vezes, por serem "diferentes", são hostilizadas e pressionadas a afundar na vala comum, e acabam abrindo mão de sua originalidade e sufocando seu potencial. É preciso muita coragem para persistir na própria voz e impor aos outros sua personalidade, no trabalho e na vida. Tenha sempre em mente as histórias de jazzistas como Lester Young e Billie Holiday, Miles Davis e Chet Baker, que souberam se apegar à originalidade e impor sua arte altamente pessoal.

AGILIZANDO A MENTE

O ato de improvisar em música equivale a caminhar numa corda bamba sem rede de proteção. Qualquer vacilo, qualquer nota em falso e o artista sofre uma queda, sem capacidade de voltar atrás e corrigir o erro. Muitos jazzistas, além da notável rapidez de pensamento e de reflexos quando tocam, possuem uma agilidade mental invejável, que se torna uma valiosa ferramenta na luta pela vida. Mas essa qualidade não é exclusiva dos jazzistas. Você também pode aperfeiçoá-la e usá-la em seu trabalho e em sua vida. Mais uma vez, é preciso estar bem-informado, muito atento às coisas que o cercam e reconhecer uma boa oportunidade assim que ela se apresentar – e agarrá-la. Caso contrário, surgirá alguém mais esperto e roubará sua chance. A agilidade mental é uma mistura de outros atributos do jazzista que estudamos anteriormente, como a capacidade de abraçar o acaso e de usar a imaginação.

ROMPENDO BARREIRAS

Muitas vezes, pessoas que têm um trabalho bem equacionado e uma vida pessoal bem estruturada tendem a se satisfazer com essa situação e se acomodar. Estacionam ou estagnam. Essa atitude conformista pode reprimir e até anular definitivamente o ser criativo que existe em nós. Mire-se nos exemplos citados neste capítulo, particularmente nos relativos aos cinco saxofonistas: Bechet, Hawkins, Parker, Coltrane e

Ornette Coleman. Radicalmente diferentes em espírito e estilo, eles souberam, cada um à sua maneira, romper barreiras e abrir novas fronteiras para a sua arte. Nunca se acomode. Cultive a inquietação criativa que existe em cada um de nós. Artista ou administrador, arquiteto ou comerciante, homem de negócios ou industrial, tenha a coragem de romper barreiras e abrir novos horizontes não só para você, mas para a humanidade em geral.

APRENDENDO A LIDERAR

O mundo de hoje vive um curioso dilema. Para vencer na vida é necessário ser líder. Mas a vida do líder não é fácil e, muitas vezes, o que ele ganha em riqueza e poder não compensa o que perde em tranqüilidade e lazer pessoal. Muitas pessoas preferem ser lideradas e viver à sombra do poder. Mas o próprio conceito de liderança tornou-se mais elástico diante das transformações brutais que o mercado de trabalho sofreu nas últimas décadas do século XX. Até a expressão "mercado de trabalho" soa antiquada a esta altura. Houve abertura para uma infinidade de atividades autônomas e informais, em setores como a mídia, a moda, a música, as artes cênicas e as artes plásticas e gráficas, em que o indivíduo pode ser seu próprio patrão e empregado. Outro fenômeno notável é a ascensão da mulher na vida profissional. Lembro que até o final da década de 1960 as redações eram predominantemente masculinas; poucas mulheres apareciam, geralmente como repórter ou em funções burocráticas subalternas. Hoje ocorre o inverso: nas redações de jornais, revistas e tevês, nas agências de publicidade, enfim, nas grandes empresas, públicas ou privadas, a presença feminina é predominante. Um pequeno detalhe: lembra-se da figura carioca do bicheiro, o "corretor zoológico", absoluta até poucos anos atrás nas ruas do Rio?

Quem poderia imaginar que hoje, e cada vez mais, as esquinas cariocas estariam tomadas pelas "bicheiras"?

Para voltar ao mundo do jazz, uns dos principais organizadores de sons atualmente é uma mulher, Maria Schneider, aclamada como uma das maiores compositoras, arranjadoras e chefes de orquestra. O toque feminino trouxe também ao conceito de liderança uma mudança qualitativa. A imagem repressiva do chefe autoritário de antigamente caiu no ridículo, líderes que se apegavam a esse estilo viraram caricaturas menores de déspotas odiados como Hitler e Stálin. Também na esfera da liderança vigora a resiliência, o jogo de cintura, a arte da persuasão e, acima de tudo, o exemplo do líder, ético e transparente acima de tudo, que convive com os liderados como numa relação de irmão e companheiro e – por que não? – de irmã e mãe. Nos perfis de Duke Ellington e Louis Armstrong, Count Basie e Lester Young, fica claro que eles anteciparam admiravelmente essas tendências. É só seguir a lição desses mestres.

AVISO: A HORA É AGORA!

Em 1945, Charlie Parker gravou o blues profético "Now's the Time" [A hora é agora]. Depois de muita conversa vazia e nenhuma providência prática, a natureza começou a dar sua resposta a séculos de ação predatória do homem. A Terra está pagando o tributo, e os efeitos do aquecimento global se manifestam mais arrasadores e velozes do que se previa. Uma das primeiras grandes vítimas da catástrofe foi o chamado "berço do jazz", Nova Orleans, varrida em agosto de 2005 pelo furacão Katrina. Só agora a cidade – que teve 1 milhão de desabrigados – retomou a rotina, com a volta dos músicos que alimentavam o seu turismo e mantinham viva a memória dos primeiros tempos do jazz, em que negros incultos, dotados de uma fabulosa intuição, criaram uma das mais admiráveis e duradouras formas de arte do século XX: a improvisação coletiva.

Os sinais inequívocos de desastre começaram finalmente a mobilizar os homens. E eu desejaria vê-los, neste momento, improvisando coletivamente soluções para a salvação do planeta. Talvez ainda não seja tarde demais. O aviso do blues de Charlie Parker serve de lema: *Now's the Time* – A hora é agora!

Este livro foi composto na tipologia Bliss Light,
em corpo 11/16.3, e impresso em off-white 80g/m²
no Sistema Cameron da Divisão Gráfica da Distribuidora Record.